WHERE IS YOUR GOD?
RESPONDING TO THE CHALLENGE OF UNBELIEF AND RELIGIOUS INDIFFERENCE TODAY

¿DÓNDE ESTÁ TU DIOS?
LA FE CRISTIANA ANTE LA INCREENCIA RELIGIOSA

CARDINAL PAUL POUPARD &
PONTIFICIUM CONSILIUM DE CULTURA

LITURGY
TRAINING
PUBLICATIONS

WHERE IS YOUR GOD? RESPONDING TO THE
CHALLENGE OF UNBELIEF AND RELIGIOUS
INDIFFERENCE TODAY/¿DÓNDE ESTÁ TU DIOS?
LA FE CRISTIANA ANTE LA INCREENCIA RELI-
GIOSA © 2004 Archdiocese of Chicago:
Liturgy Training Publications, 1800 North
Hermitage Avenue, Chicago IL 60622-1101;
1-800-933-1800, fax 1-800-933-7094, e-mail
orders@ltp.org. All rights reserved. See our
website at www.ltp.org.

Photo: Scala/Art Resource, NY

Printed in the United States of America.

Library of Congress Control Number:
2004112232

ISBN 1-56854-562-2

BWHERE

CONTENTS

WHERE IS YOUR GOD?
RESPONDING TO THE CHALLENGE OF UNBELIEF AND RELIGIOUS INDIFFERENCE TODAY

CARDINAL PAUL POUPARD
&
PONTIFICIUM CONSILIUM DE CULTURA

OUTLINE

CARDINAL PAUL POUPARD'S HOMAGE TO THE HOLY FATHER

AT THE END OF THE PLENARY ASSEMBLY OF THE PONTIFICAL COUNCIL FOR CULTURE

MARCH 13, 2004

Most Holy Father,

Almost 24 years ago, on the 19th of October 1980, receiving the Congress "Evangelization and Atheism," you said, in portraying the spiritual drama of our times: "The Church will not sink into submission. She will confront it courageously." And you invited us, after the guidelines laid down by the Second Vatican Council, to propose the Gospel to "man, real man, existential man, as he faces his hopes and questions, his doubts and even his denials . . . and thus to know him, from this knowledge rooted in the love, which opens up dialogue in light and confidence between men, separated by their convictions but converging in their shared love of man."

Throughout your fruitful pontificate, You have never ceased to stride boldly around the world carrying out with courage and lucidity at the very heart of the different cultural spaces of our times the program that you called us to follow: to be "in spirit and in truth witnesses of the living God, bearers of his fatherly tenderness at the weaknesses of a universe which is folded in on itself and oscillating from devilish pride to hopeless abandon."

As our Holy Mother Church never ceases with the grace of God to generate new children, our *Plenary*, enriched by the presence of pastors from five continents, has brought its attention to the new situation of interior emptiness, a sort of spiritual weight-lessness which is overtaking certain countries: yesterday's militant atheism has given way to a diffuse unbelief, to a growing religious indifference. Thus the Church is called to a renewal of thought, prayer and action, a renewed presence of the Church in the public forum, new languages to transmit the Gospel and to touch on reason and the emotions, in combining the ways of truth and of beauty in the same shared love of Christ, to whom you dedicated, twenty-five years ago, your first Encyclical Letter: Christ the *Redemptor hominis.*

Thank you most Holy Father, for inviting us to "put out into the deep" with fervor and audacity, with your paternal Apostolic Benediction, *Tertio millennio ineunte.*

DISCOURSE OF THE HOLY FATHER

TO THE PLENARY ASSEMBLY OF THE PONTIFICAL COUNCIL FOR CULTURE

MARCH 13, 2004

Your Eminences,

Dear Brothers in the Episcopate and Dear Members of the Pontifical Council for Culture,

1.   At the end of your Plenary Assembly dedicated to reflection on "The Christian faith at the dawn of the new millennium and the challenge of unbelief and religious indifference," I welcome you with joy. I thank Cardinal Poupard for his words. The challenge you have focused on is an essential concern of the Church on all the continents.

2.   Working together with the local Churches, you are drawing up a new map of unbelief and religious indifference across the world, noting an interruption in the process of the transmission of the faith and of Christian values. At the same time, we perceive the search for meaning by our contemporaries, witnessed to through cultural phenomena especially in the new religious movements with a strong presence in South America, Africa and Asia: the desire of all men and women to understand the deep meaning of their lives, to respond to the fundamental questions on the origin and the end of life and to journey towards the happiness to which they aspire. Over and above the crises of civilizations and the forms of philosophical and moral relativism, it is up to Pastors and the faithful to identify and examine the essential questions and aspirations of our contemporaries, to enter into dialogue with

individuals and peoples, and to find original and inculturated ways of presenting the Gospel message and the person of Christ the Redeemer. Culture and art have a wealth of resources to draw from in order to pass on the Christian message. To convey it, however, they require knowledge so that it can be interpreted and understood.

At a time when the great Europe is rediscovering strong bonds, it is important to uphold the world of culture, arts and letters, so that it may contribute to building a society that is founded not on materialism but on moral and spiritual values.

3.   The spread of ideologies in various social sectors demands a new intellectual thrust from Christians in order to propose strong reflections that will reveal to future generations the truth about man and God, and will invite them to acquire an evermore refined knowledge of the faith. It is by means of philosophical and catechetical formation that the young will be able to discern the truth. A serious rational process is a bulwark against ideologies and their cohorts. It releases the taste to go ever deeper so that philosophy and reason may be open to Christ. This has happened throughout the Church's history, particularly in the Patristic period when suckling Christian culture was able to enter into dialogue with other cultures, especially Ancient Rome and Greece. Such a reflection will also become an invitation to move from a rational to a spiritual approach, to arrive at a personal encounter with Christ and to build up the inner being.

4.   It is up to you, therefore, to discern the great cultural changes and their positive aspects, so as to help Pastors find appropriate responses to them and to open men and women to the newness of Christ's Word. At the end of our encounter, I express my gratitude to you for your collaboration and, as I entrust you to the Virgin Mary, I impart an affectionate Apostolic Blessing to you all.

INTRODUCTION

1. The Christian Faith at the dawn of the new millennium is faced with the challenge of unbelief and religious indifference. The Second Vatican Council, already forty years ago, delivered this observation: "Many of our contemporaries have never recognized the intimate and vital link with God, or have even explicitly rejected it. Atheism must therefore be counted among the most serious problems of our time and must be submitted to closer examination" (*Gaudium et spes*, n. 19).

To this end Pope Paul VI created in 1965 the Secretariat for Non-believers and entrusted it to the direction of Cardinal Franz König. In 1980 Pope John Paul II called on me to succeed Cardinal König and also asked me to create the Pontifical Council for Culture, which he would unite to the Secretariat in 1993, after it had become the Pontifical Council for Dialogue with Non-believers. His motivation, given in the Apostolic Letter *motu proprio, Inde a Pontificatus*, is clear: "to promote the meeting of the saving message of the Gospel with the cultures of our times, often marked by unbelief and religious indifference" (art. 1) and to promote at the same time "the study of the problem of unbelief and of religious indifference found in various forms in different cultural milieus, enquiring into the causes and the consequences for the Christian Faith" (art. 2).

To carry out this mission, the Pontifical Council for Culture gathered information from competent authorities across the globe in broad ranging enquiry. More than 300 replies came from five continents and the results were put before the members of the Pontifical Council for Culture during its Plenary Assembly of March 2004, along two main axes: how to welcome the "joys and hopes, griefs and anxieties" of the people of our times, which he have called the "anchor points for the handing on of the faith"; and which are the best pathways to follow in bringing the good news of the Gospel of Christ to non-believers, to misbelievers and the indifferent of our times, how to raise their interest, how to make them question themselves on the meaning of their existence, and how to help the Church transmit to them her message of faith and love at the heart of cultures, *novo millennio ineunte.*

To do this, it is necessary to respond to these questions: Who are the non-believers? What is their culture? What are they saying to us? What can we say to them? What dialogue can we establish with them? What can we do to shake up their interest, stir up their questions, nourish their reflections, and hand on the faith to new generations, often victims of the religious indifference mobilized by the dominant culture?

Such questions are dear to the pastors of the Church and express one of the most worrying challenges of "our both momentous and fascinating times" (*Redemptoris missio*, n. 38): the challenge of a culture of unbelief and of religious indifference that, from the West in prey to secularization, spreads across the megalopolises of all the continents.

In fact, in the vast cultural areas where the majority do belong to the Church, there is a rupture in the handing on the faith, intimately linked to the process of abandonment of a popular culture long attached to and impregnated by Christianity. It is important to take into consideration the factors that condition this process of distancing, of weakening, and of obscuring the faith in the transforming cultural milieus where Christians dwell, in order to present some concrete pastoral propositions to respond to the challenges of the new evangelization. For the *cultural habitat,* where one lives, influences one's ways of thinking and of behaving, one's values and criteria of judgment, and it also raises questions at once difficult and decisive.

Since the fall of the atheist regimes, secularism, tied to the phenomenon of globalization, has spread as a post-Christian cultural model. "When secularization transforms itself into secularism (*Evangelii nuntiandi*, n. 55), there is a serious cultural and spiritual crisis, one sign of which is the loss of respect for the person and the spread of a kind of anthropological nihilism which reduces human beings to their instincts and tendencies" (*Towards a Pastoral Approach to Culture*, n. 23).[1]

For many, the waning of the dominant ideologies gave way to a lack of hope. The dreams of a better future for humanity, characteristics of scientism, of the enlightenment, of Marxism, and of the social revolutions of the 1960s have disappeared and their place has been taken by a pragmatic and disenchanted world. The end of the cold war and the risk of total destruction of the planet has given way to other threats and perils for humanity: worldwide terrorism, new hot spots for war, pollution of the planet, reduction of hydro resources, climate change provoked by egoistic behavior, experimentation on the embryo, legal recognition of abortion and euthanasia, cloning, etc. Many people's hopes of a better future have disappeared and they have fallen into disenchantment in the seemingly somber present, fearing an even more uncertain future. The speed and the depth of the cultural transformations which have occurred over the last few decades are the backdrop for the enormous upheaval of many of the cultures of our times. Such is the cultural context for the Church's enormous challenge of unbelief and religious indifference: how to open up new ways for dialogue with so many people who, at first sight, are hardly interested, much less see the necessity for it, even though the thirst for God can never be completely extinguished in the heart of man, where the religious dimension is deeply anchored.

The aggressive attitude towards the Church, without completely disappearing, has given way, sometimes, to derision and resentment in certain quarters and, often, to a widespread stance of relativism, practical atheism and indifference. It is the time of what I would call—after *homo faber, homo sapiens* and *homo religious*—*homo indifferens*, even among the believers, who are in the prey of secularization. The individual and egoistic search for well-being, as well as the pressure of a culture without spiritual anchorage, eclipse the sense of that which is truly good for man, and reduce his desire for the transcendent to a vague search for spirituality which satisfies itself in a new religiosity without reference to the personal God, without adherence to a body of doctrine, and without belonging to a community of faith nourished by the celebration of the revealed mysteries.

---

[1]The Document of the Pontifical Council for Culture *Towards a Pastoral Approach to Culture,* is published in English by the *Libreria Editrice Vaticana* 1999. It can also be found, along with all of the cited texts of the Magisterium on the Vatican's Internet site: www.vatican.va.

2.   *The Spiritual drama that the Second Vatican Council con-*
sidered as one of the most serious problems of our times (Gaudium
et spes, n. 19), sees a silent distancing of entire populations from
religious practice and even from any reference to the faith. The
Church today is confronted more by indifference and practical
unbelief than with atheism. Atheism is in recline throughout the
world, but indifference and unbelief develop in cultural milieus
marked by secularism. It is no longer a question of a public affirmation of atheism, with the exception of a few countries, but of a
diffuse presence, almost omnipresent, in the culture. Less visible,
it is more perilous, for the dominant culture spreads it in a subtle
manner in the subconscious of believers, from Western to Eastern
Europe, but also in the megalopolises of Africa, America and Asia.
It is a veritable sickness of the soul which induces to live "as
though God did not exist," a neo-paganism that idolizes material
goods, the achievements of work, and the fruits of power.

At the same time, we witness what some people call the
"return of the sacred." It is actually the rise of a new religiosity.
Rather than a return to traditional religious practices, it is a
search for new ways of living and expressing the religious dimension inherent in paganism. This "spiritual awakening" is marked
by the complete refusal to belong, and the search for an experience
which is entirely individual, autonomous and guided by one's
own subjectivity. This instinctive religiosity is more emotive
than doctrinal and expresses itself without any reference to a personal God. The "God Yes, Church No" of the 1960s has become
"religion yes, God no" or even, "the religiosity yes, God no" of
this beginning of the millennium: believers yes, but without
adhering to the message handed on by the Church! At the very
heart of that which we call religious indifference, spiritual desire
is again making itself felt. This resurgence, far from coinciding
with a return to faith or religious practice, is a veritable challenge
for Christianity.

In fact, the new forms of unbelief and the diffusion of this
"new religiosity" are intimately linked. Unbelief and bad-belief
often come as a pair. In their deepest roots, they show at the same
time both the symptom and the erroneous response of a crisis in
values and in the dominant culture. The desire for autonomy,
incapable of suppressing the thirst for the fullness and eternity
which God wrote into the heart of man, seeks palliatives in the
gargantuan supermarkets where all sorts of gurus offer recipes for

an illusory happiness. Nevertheless, in this spiritual thirst an anchor point can be found for the proclamation of the Gospel, through the "evangelization of desire."[2]

Sociological studies based on censuses, opinion polls, and inquests have multiplied in the last years offering interesting but often differing statistics. Some are based on attendance at Sunday mass, others on the number of baptisms, others on religious preference, still others on the contents of the faith. The results, complex as they are, should not be interpreted out of context, as the great diversity of terms employed to express the important variety of possible attitudes towards the faith shows: there are atheists, non-believers, unbelievers, misbelievers or bad-believers, agnostics, non-practicing, indifferent, without religion, etc. Indeed, some of those who attend Sunday mass do not feel as though they are in tune with the Catholic Church's doctrine and morals, and among those who claim not to belong to any religion or religious confession, the search for God and an inquisitiveness after the eternal life are not totally absent, nor indeed, sometimes some sort of prayer.

To understand these phenomena, their causes and consequences, to discern methods to resolve them with the grace of God, is doubtless one of the most important tasks for the Church today. This publication of the Pontifical Council for Culture would like to offer its specific contribution by presenting this new study of unbelief, of religious indifference, and of the new forms of religiosity that emerge and spread presenting themselves as alternatives to the traditional religions.

3. *The responses that the Pontifical Council for Culture received to its inquiry paint a picture that is complex,* changing and in continuous evolution, with diversified characteristics. Nevertheless some meaningful things can be drawn out:

1. **Globally, unbelief is not increasing in the world.** It is a phenomenon seen primarily in the Western world. The cultural model it inspires spreads through globalization, and exerts an influence on the different cultures of the world, and erodes popular religiosity from them.

---

[2]P. Poupard, *What will give us Happiness?* Dublin: Veritas, 1992.

2. **Militant atheism recedes and no longer has a determining influence on public life,** except in those regimes where an atheistic political system is still in power. Contrarily, a certain cultural hostility is being spread against religions, especially Christianity and Catholicism in particular, notably through the means of social communication, and is promoted by Masonic sources active in different organizations.

3. **Atheism and unbelief,** phenomena that once seemed to have something rather masculine and urban about them and that were found particularly among those with an above-average culture, **have changed their profile.** Today the phenomena seem to be connected more to lifestyle, and the distinction between men and women is no longer significant. In fact, unbelief increases among women who work outside the home, and even reaches more or less the same level of that among men.

4. **Religious indifference or practical atheism** is growing rapidly. And agnosticism remains. A large part of secularized societies lives with no reference to religious authority or values. For *homo indifferens,* "Perhaps God does not exist, it doesn't matter, anyway we don't miss him." Well-being and the culture of secularization provoke in consciences an eclipse of need and desire for all that is not immediate. They reduce aspiration towards the transcendent to a simple subjective need for spirituality, and happiness to material well-being and the gratification of sexual impulses.

5. **A dwindling number of regular church-goers can be seen in those societies marked by secularization.** But this undeniably worrying fact does not, however, mean that unbelief is on the increase. Rather, it points to a degraded form of believing: **believing without belonging.** It is a phenomenon of "deconfessionalization" of *homo religiosus,* who, refusing to belong to any binding confession, jumps into and out of an endless confusion of heterogeneous movements. A number of those who declare they belong to no religion or religious confession, nevertheless declare themselves to be religious. The *silent exodus* of many Catholics heads for the sects and new religious movements,[3] especially in Latin America and sub-Saharan Africa.

---

[3]The expression "new religious movements" is not to be confused with "new ecclesial movements." The former is used to refer to "alternative religions" unless the context indicates," for not every spiritual movement is in fact a religious movement.

6. In the West, where science and modern technology have neither suppressed religious meaning nor satisfied it, a **new quest that is more spiritual than religious** is developing, but it is not a return to traditional religious practices. It is the search for new ways of living and expressing the need for religiosity inherent in the heart of man. Often, this spiritual awakening develops in an autonomous fashion and without any links to the contents of faith and morals handed on by the church.

7. Finally, at the dawn of the new millennium, a **disaffection** is occurring both in terms of militant atheism and in terms of traditional faith. It is a disaffection in secularized western cultures prey to the refusal or simple abandonment of traditional beliefs, and affects both religious practice and adherence to the doctrinal and moral contents of the faith. But the man whom we call *homo indifferens* never ceases to be a *homo religiosus;* he is just seeking a new and ever-changing religiosity. The analysis of this phenomenon reveals a kaleidoscopic situation where anything and its opposite can occur: on the one hand, those who believe without belonging, and on the other, those who belong without believing in the entire content of the faith and who, above all, do not feel obliged to respect the ethical dimension of the faith. In truth, only God knows what is at the bottom of our hearts, where His Grace works secretly. And the Church never ceases to walk new pathways to share with all the message of Love of which She is guardian.

This document has two main parts. The first presents a summary analysis of unbelief and religious indifference, their causes, and a presentation of the new forms of religiosity in comparison with the faith. The second offers a series of concrete proposals for the dialogue with non-believers and for the evangelization of cultures marked by unbelief and indifference. In doing this, the Pontifical Council for Culture does not pretend to propose miraculous recipes, for it knows that faith is always a Grace, a mysterious meeting between God and the freedom of man. It desires merely to suggest some privileged ways for the new evangelization, to which we have been called by John Paul II, new in its expression, its methods and its ardor, to meet the non-believers and the misbelievers and above all to reach the indifferent: how to meet them in the depth of themselves, beyond the shell that imprisons them. This route is part of the "new stage of the Church's journey" that Pope John Paul II invites all the Church to travel "to take up her evangelizing mission with fresh enthusiasm," "stressing that it is not a case of imposing on non-believers a vision based on faith," "with the respect due to the different paths of different people and with sensitivity to the diversity of cultures in which the Christian message must be planted" (*Novo millennio ineunte*, n. 1, 2, 51 and 40).

I. NEW FORMS OF UNBELIEF AND RELIGIOSITY

1. A CULTURAL PHENOMENON

In traditionally Christian countries, a relatively widespread culture gives unbelief, on its platform of religious indifference, a practical and no longer theoretical aspect. It has become a *cultural phenomenon*, in the sense that often one becomes a non-believer not through choice at the end of a long inner struggle, but it just happens *de facto*, because "that's what everybody else does"—"così fan tutti." This is the result of the lack of effective evangelization, the growing levels of ignorance of religious tradition and Christian culture, and the lack of offers of formative spiritual experiences capable of raising marvel and determining belonging. This is how the Holy Father describes it: "Often knowledge of Christianity is taken for granted, whereas in truth the bible is rarely read and scarcely studied, catechesis is often shallow, and the sacraments hardly received. Therefore, instead of an authentic faith a vague religious sentiment is spread, which easily turns into agnosticism and practical atheism."[4]

2. NEW AND OLD CAUSES OF UNBELIEF

It would be naïve to blame the spread of unbelief and the new forms of religiosity on a single cause, all the more so since this cultural phenomenon is more tied to group behavior than individual choice. Some affirm that the problem of unbelief is more a question of negligence than malice. Others are firmly convinced that, behind this phenomenon, there are organized movements, associations, and deliberately orchestrated campaigns.

In any event, it is good to examine, as requested by the Second Vatican Council, the causes which incite people to distance themselves from the faith. The Church "strives to detect

---

[4]*Angelus* 27 July 2003, in *L'Osservatore Romano*, 28–29 July 2003.

in the atheistic mind the hidden causes for the denial of God. Conscious of how weighty are the questions which atheism raises, and motivated by love for all men, she believes these questions ought to be examined seriously and more profoundly" (*Gaudium et spes*, n. 21). Why do some people not believe in God? Why do they distance themselves from the Church? What can we make of their reasoning? What can we do in response?

The same constitution, *Gaudium et spes* (nn. 19–21), identifies some causes of contemporary atheism. The diagnosis made then remains accurate today and is at the core of the following analysis of the new causes of unbelief and of the religious indifference of our times.

2.1. THE ALL-ENCOMPASSING PRESUMPTIONS OF MODERN SCIENCE

Among the causes of atheism, the Council mentions scientism. This vision of the world without any reference to God, pretends to reject His existence on the basis of scientific principles, and has become widespread and commonplace, thanks to its widespread diffusion in the Mass Media. Some recent cosmological and evolutionary theories, abundantly repeated by publications and popular television programs, and the development of neuroscience, contribute to the rejection of a transcendent personal being, retained as a "useless hypothesis," as they pretend that "there is only the unknown and not the unknowable."

While it remains a problematic, today the faith-science relationship has changed significantly. A certain defiance *vis à vis* science, a fall in prestige and the reappraisal of its role contribute to a greater openness to the religious dimension of the human situation and are accompanied by the return of a somewhat irrational and esoteric religiosity. Programs and courses teaching the complementary relationship of science and religion help to remedy this aspect.

2.2. THE ABSOLUTIZATION OF MAN AS THE CENTER OF THE UNIVERSE

Even if they neither said so nor named them, the Council Fathers had in mind the Marxist-Leninist atheist regimes and their attempts to construct a society without God. Today in Europe these regimes have fallen, but the underlying anthropological model has not disappeared, indeed it has become stronger taking on the philosophical inherited from the enlightenment. Speaking of the European situation, but with a clarity that can be applied to all of the western world, the Holy Father affirms that there is underway an "attempt to promote a vision of man apart from God and apart from Christ." This sort of thinking has led to man being considered as "the absolute center of reality, a view which makes him occupy—falsely—the place of God and which forgets that it is not man who creates God, but rather God who creates man. Forgetfulness of God led to the abandonment of man." It is therefore "no wonder that in this context a vast field has opened for the unrestrained development of nihilism in philosophy, of relativism in values and morality, and of pragmatism—and even a cynical hedonism—in daily life" (*Ecclesia in Europa*, n. 9).

Perhaps the most characteristic element of the dominant culture of the secularized West is the diffusion of a form of subjectivism. A type of "profession of faith" in the absolute subjectivity of the individual, disguised as humanism, it is actually self-centered, egoistic, narcissistic, whose only center is the individual.

This exaltation of the individual as unique reference point and the concomitant crisis of authority mean that the Church is no longer accepted as a doctrinal and moral authority. Her "pretense" to guide the life of the people by moral doctrine is rejected as it is considered the denial of personal freedom. This phenomenon of the weakening of the power of institutions does not pertain only to the Church, but touches the traditional organs of State, the Courts, Parliament and Armed Forces, and all of hierarchically structured society.

The exaltation of the "self" leads to a relativism that extends across the specters: from the political practice of voting in democracy, for example, derives a criteria according to which every individual opinion has the same value as the next, with the result that there is no objective truths or values of higher or lower worth, nor values or truths which are universally valid by reason of nature for every person in every culture at all times.

2.3. THE PROBLEM OF EVIL

The problem of evil and the suffering of innocents has always been used to justify unbelief and the rejection of a good and personal God. This rebellion comes from the non-acceptance of the sense of the freedom of man, who is capable of doing both good and evil. The mystery of evil has been and always will be a scandal for to intelligent man, and only the light of Christ crucified and glorified can fully reveal and express it. "In reality it is only in the mystery of the Word made flesh that the mystery of man truly becomes clear" (*Gaudium et spes*, n. 22).

But if the scandal of evil has never ceased to motivate atheism and unbelief in individuals, today they have a new aspect in the diffusion, amplification and presentation of evil through the mass media, which causes evil to echo ever louder, be it manifest in war, accidents, natural catastrophes, conflicts among individuals or countries, economic or social injustices. Unbelief is more or less tied into this pervasive and subversive aspect of evil, and consequently the rejection and denial of God feed on the continual diffusion of this inhumane spectacle, daily beamed around the world.

2.4. THE HISTORICAL LIMITS OF CHRISTIANS AND THE CHURCH IN THE WORLD

The vast majority of non-believers and the indifferent are not so for ideological or political reasons, but come from the pews of Christianity and describe themselves as deluded or unsatisfied. They express "debelief" or a disaffection towards belief and its practice and perceive it as meaningless, dull and irrelevant. The cause is often tied to a negative or unpleasant event experienced in the Church, often during adolescence; the protest or rebellion of a moment transforms itself over the course of time into a general rejection and finally indifference. This does not mean total closure, for often a desire to retain a good relationship with God remains. On this note, it is good to focus on the "restarters," i.e. those Christians who, after a period of distancing from the faith and religious practice, return to Church.

Among the causes internal to the life of the Church which push people away, what is most obvious is the apparent absence of a spiritual life in some priests and religious. Whenever some of these lead an immoral lifestyle, many people feel disturbed. Among the causes of scandal, by far the worst due to its objective moral gravity, is sexual abuse of minors. Also scandalous are the superficiality of spiritual life and the exaggerated search for material well-being and financial gain, especially in areas where the population is subject to extreme poverty. As many Christians identify the faith with its moral principles, it follows that, faced with certain scandalous behavior—particularly those in which the protagonists are members of the clergy, many of the faithful suffer a deep crisis in their spiritual journey.

Deeds of this kind, orchestrated and amplified, are used by the mass media to damage the reputation of all the clergy of a country, and to confirm the suspicions exacerbated by the dominant culture.

2.5. NEW FACTORS

A Rupture in the Process of Handing on the Faith

One consequence of the process of secularization is the growing difficulty faced in handing on the faith through catechesis, through the school, the family and the homily.[5] These traditional channels for the handing on of the faith struggle to fulfill their fundamental role.

a) The Family

There is a real problem in the handing on of the faith within traditionally Christian families, especially in the cities. The causes are manifold: the rhythm and pace of work, the fact that both parents often work long hours away from the home, the secularization of the social fabric, the influence of television. The transformation of living and working conditions and the meager size of apartments has led to separation of the nuclear family from grandparents, who are now often excluded from the important processes of handing on both faith and culture. Moreover, in many countries children spend little time in the family home as they spend long hours at school and in extra curricular activities such as sport, music, and various associations; at home they are often immersed in and isolated by the computer, by video-games, and by the television leaving little space for constructive dialogue with their parents. In traditionally Catholic countries, the growing instability of family life, the rise in the number of so-called "civil marriages" and the increasingly prevalent so-called "common law marriage" accelerate and amplify this process. This does not of course mean that parents have become non-believers, for often they ask for the baptism of their children and wish for them to make their first holy communion, but beyond these sacred rites of passage the faith does not seem to have any role in

---

[5]*Handing on the Faith at the Heart of Cultures, novo millennio ineunte,*
was the theme of the Plenary of the Pontifical Council for Culture in 2002,
cf. *Cultures and Faith* X n.2 Vatican City (2002).

the family setting, hence the question: if the parents have no living faith, what will they hand over to their children in an environment that has become indifferent to the Gospel values and, as it were, deaf to the proclamation of the saving message?

In other countries, for example in Africa and parts of Latin America some of the content of the faith and a certain religious sentiment is handed on, but the lived-experience of the faith which requires a personal and living relationship with Jesus Christ is often faulty. Christian rites are followed, but are perceived only as cultural expressions.

b) Catholic Schools

In various countries some Catholic schools have had to close as a result of a lack of resources and personnel, while a weakening, or a rupture in the handing on of the faith in some schools and even Catholic universities, results from a growing number of teachers void of commitment and a solid formation. Too often teaching in these schools has little to do with the faith and Christian morality. The phenomenon of migration also destabilizes schools when the large non-Christian presence is used as an excuse to justify abandoning an explicit teaching of the faith, rather than to seize on this opportunity to propose the faith, as has long been the tradition of Church's missionary activity.

The Globalization of Behavior

"Modern civilization often complicates the approach to God, not for any essential reason, but because it is excessively engrossed in earthly affairs" (*Gaudium et spes*, n. 19). Western materialism has projected a lifestyle characterized by success, money, unrestricted competition, individual pleasure, etc., creating many practical atheists and leaving neither time nor desire for something deeper than the immediate satisfaction of every craving. In many countries there are no theoretical factors in favor of unbelief, but rather purely practical ones marked by social patterns where little time is available for the human community and for space to experience the transcendent. It is the conceit of a full-up society. This religious atony is far more dangerous for the faith than the ideological materialism of the Marxist-Leninist atheistic countries. The improvement of the level of life and economic development necessarily imply a wholesale cultural transformation which often provokes a loss of faith if it is not matched by adequate pastoral activity.

The fires of indifference, practical materialism, moral and religious relativism are stoked by globalization and the so-called opulent society. The ideals and models of life proposed by the mass media, through advertisements and by the protagonists of the public, political and cultural society are often vectors of a consumerism which is radically anti-evangelical. The culture of globalization considers men and women an object to be evaluated according to exclusively material, economic and hedonistic criteria.

This domain provokes in many people, by way of compensation, an interest in things irrational. The need for spiritual experience, to live or return to living an inner dimension of life, as well as the psychological and relationship difficulties often caused by the frenetic and obsessive rhythms of life, push many self-confessed believers to seek other alternative experiences and head for "alternative religions" which offer a strong dose of "affective" and "emotional" participation, without any moral or social responsibility. Hence there are many "do-it-yourself religions" on offer, a sort of spiritual supermarket in which one is left free to pick and choose from day to day according to one's own transforming tastes and pleasures.

The Mass Media

The *Mass Media*, by nature ambivalent, can serve both good and bad alike. Unfortunately, often they amplify unbelief and favor indifference, by relativizing the religious factor and sometimes ignoring or even deforming its proper nature. Even from countries where Christians are in the majority, certain parts of the Mass Media, newspapers, magazines, news and current affairs programs, documentaries and films zoom around the world offering often flawed, distorted or partial visions of the Church. Only rarely are they met with a pertinent and convincing response. A negative perception of the Church results, impeding her credibility to transmit her message of faith. Alongside this lies the Internet, in which information claiming to offer truth about religious matters circulates. "Internet Infidels" are present alongside sites of satanic and explicitly anti-Christian nature, which lead aggressive campaigns against religion. The abundance of pornographic material on the internet is also to be condemned: it degrades the dignity of men and women and can only distance the human person away from the living faith. Hence a pastoral approach to the mass media is of prime importance.[6]

The New Age, New Religious Movements, and the Elite

"The proliferation of sects is also a reaction against secularized culture and a consequence of social and cultural upheavals which have uprooted traditional religion" (*Towards a Pastoral Approach to Culture*, n. 24). While the movement known as the *New Age* is not a cause of unbelief, by its nature it contributes to the growth of religious confusion.[7]

The opposition and harsh criticism from certain elites, new religious movements, and sects of Pentecostal persuasion contribute to the weakening of the life of faith. This is probably one of the greatest challenges to the Catholic Church, particularly in Latin America. The most serious objections and criticisms made by these sects against the Church are that she fails to face up to reality, that she portrays an image of herself which is far distant from the reality, and that her proposition of the faith is not incisive and is incapable of transforming daily life. These sectarian communities developing in America and Africa attract the youth in large numbers and lead them away from the traditional Churches, but do not manage to satisfy in the long term their religious needs. For many they are the exit-points from religion. Only exceptionally do they return.

3. SECULARIZATION OF BELIEF

The problem is not that of secularization, understood as the legitimate autonomy of the temporal realm, but of secularism, "a concept of the world according to which the latter is self-explanatory, without any need for recourse to God, who thus becomes superfluous and an encumbrance" (*Evangelii nuntiandi*, n. 55). Many who call themselves Catholic, and similarly those who belong to other religions, give in to a lifestyle in which God, or religion, is of little importance. The faith appears void of substance and no

---

[6]Cf. *Towards a Pastoral Approach to Culture*, n. 9.

[7]On the *New Age* see the Provisional Document published jointly by the Pontifical Council for Culture and the Pontifical Council for Interreligious Dialogue, *Jesus Christ, The Bearer of the Water of Life*, Vatican City, 2003.

longer requiring personal engagement. There is incoherence between the faith-as-professed and the faith-as-lived. People no longer dare declare explicitly their belonging to a religion and the hierarchy is systematically criticized. Where there is little witness of Christian life, the abandonment of religious practice ensues. It is not simply a matter, as in times gone by, of a simple abandonment of sacramental practice, or of a scarce vitality in living out of the faith, but of something which strikes at its very roots.

The disciples of Christ live in the world and are often influenced and molded by the surrounding culture which shows no need for God and no thought for God. In a context so uninvolved and unresponsive to the very idea of God, many believers, above all in the more secularized countries, are overcome by a hedonistic, consumerist and relativist mentality.

The observant critic of our societies sees the lack of clear references in the minds of those who make public opinion and who reject all moral judgment when important aspects of society are thrown into the spotlight by the media, leaving such to the individual appreciation of every individual under the guise of a "tolerance" which simply puts convictions apart and anaesthetizes consciences.

Moreover laxism in lifestyle and morality, and the attached pansexualism, have negative effects for the life of the faith. Premarital and extramarital cohabitation have become the norm in many traditionally Catholic countries, especially Europe, even among those who later marry in Church. The manner of living out human sexuality has become a purely personal question. For many believers, divorce does not cause problems for the conscience. Abortion and euthanasia, denounced by the Council as "abominable crimes" (*Gaudium et spes*, n. 27) are accepted on mundane criteria. There is too a leveling out of the fundamental dogmas of the Christian faith: the incarnation of Christ, his uniqueness as Savior, the survival of the soul after death, the resurrection of the body, eternal life. The doctrine of reincarnation is quite widely held by those who identify themselves as believers and who frequent Church, alleging that it is easier to believe in than the immortality of the soul after death and the resurrection of the body, as it offers a new life within the material world itself.

The standard of Christian life in some countries seems quite mediocre, which underlines a difficulty to explain their own faith. It is a difficulty caused not only by the influx of the secularized culture, but also by a certain fear of taking decisions on the basis of faith, the consequence of a weak Christian formation which has not empowered people to trust in the power of the Gospel and has not recognized the importance of a meeting with Christ through prayer and the sacraments.

Hence a form of practical atheism is spreading even among those who consider themselves Christian.

4. NEW RELIGIOSITY

Alongside the spread of religious indifference in the more secularized countries, a new aspect clearly emerges from the inquiry on unbelief. It is often identified as the return of the sacred for those who find difficulty in opening themselves to the infinite, to go beyond the immediate, and to set out on and follow an itinerary of faith.[8]

It is a romantic form of religion, a religion of the spirit and of the self which has its roots in the crisis of the subject who remains more and more narcissistic, and rejects all historical and objective elements. Hence it is a strongly subjective religion, almost an exclusive reserve for the spirit, in which one can take refuge and contemplate matters in an aesthetic research, where the individual is under no obligation to give an account of his reasons or behavior.

4.1. A FACELESS GOD

The new religiosity is an adherence to a God that often has no face nor personal characteristics. Questioned about God, both declared believers and declared non-believers affirm that they believe in the existence of a force or superior transcendent being, but who has no personal attributes, much less those of a Father. The fascination of oriental religions, transplanted into the West, resides in the depersonalization of God. In scientific circles, the old atheistic materialism is giving way to the return of pantheism, where the universe itself is divine: *Deus sive natura sive res.*

The Christian proposal is based, however, on the revelation of the God-in-three-persons, in the image of Whom each person is called to live in communion. Faith in the tri-personal God is the basis of the whole Christian faith and also of the constitution

---

[8]Cf. *Towards a Pastoral Approach to Culture,* n. 26.

of an authentically human society. Further awareness of the concept of person seems necessary in all fields: in prayer, in inter-personal dialogue, in inter-personal relationships in daily life, in the destiny of man after death.

4.2. THE RELIGION OF THE SELF

The constitutive element of the new religiosity is that it is centered on the *self*, on *me*. If the humanist atheism of the past was the religion of humanity, post-modern religiosity is the religion of the *Self*, based on personal success and the achievement of one's own goals. Sociologists speak of a "Biographical Do-It-Yourself Religion" in which each person creates a new image of God at different stages of their lives, starting from divers material as though it were some form of "Holy Patchwork."

This religion of "me" is a far cry from Christianity, the religion of "You" and of "Us," of relation which has its origins in the Trinity, in whom the divine Persons are substantial relations. The history of salvation is a process of loving dialogue between God and man, marked by successive covenants which feature this experience of relation as both personal and personalizing. One constant feature of Christian spirituality is the call to interiority and to put at the heart of life, the mysteries of the cross and resurrection of Christ, the supreme sign of a relation which goes to the extent of gift of self for the other.

4.3. QUID EST VERITAS?

Another characteristic trait of this new religiosity is the lack of interest for the question of the truth. The teaching of John Paul II in his encyclicals *Veritatis Splendor* and *Fides et Ratio*, respected even by unbelieving intellectuals, does not seem to have been adequately received by the faithful even in the Catholic Universities, although there are exceptions. At a time in which "weak thought" (*pensiero debole*) is dominant, strong convictions meet with rejection: rather than believing, people think they believe, leaving room for a safety margin and a sort of "emergency exit." Hence the very questions on the truth of Christianity and the existence of God are put aside and considered irrelevant and meaningless. The question of Pilate, in reply to the explicit declaration of Christ is still relevant: What is truth? For many, truth has a negative connotation, associated with concepts such as "dogmatism," "intolerance," "imposition," and "inquisition," on the grounds of a few historical episodes in which the truth was exploited to impose choices of conscience, which had nothing to do with respect of the person and the search for the Truth.

In Christianity however, Truth is not merely a theoretically defined thought, an ethically valid judgment, or a scientific demonstration, but it is a Person whose name is Jesus Christ, Son of God and Son of the Most Holy Virgin Mary. Christ presented himself as the Truth (John 14:6). Tertullian observed that Christ said: "I am the Truth," and not "I am the Tradition." Today to speak of the truth of the Gospel is a task that requires facing up to the fact that Truth appears in the poverty of the impotent, of He who for love accepted to die on the cross. In this sense, truth and love are inseparable: "In our time, truth is often mistaken for the opinion of the majority. In addition, there is a widespread belief that one should use the truth even against love or vice versa. But *truth and love need each other.* Saint Teresa Benedicta is a witness to this. The "martyr for love," who gave her life for her friends, let no one surpass her in love. At the same time, with her whole being she sought the truth . . . . Saint Teresa Benedicta of the Cross says to us all: "*Do not accept anything as the truth if it lacks love. And do not accept anything as love which lacks truth!* One without the other becomes a destructive lie.'"[9] So "only love is worthy of faith," love becomes the great sign of credibility of Christianity, because it is inseparable from the Truth.

4.4. OUTSIDE HISTORY

This new religiosity springs from the contemporary secularized, anthropocentric and self-centered culture, and pretends to do without objective historical reference points. What is important is the capacity to find ways of feeling well. In the past, religious criticism was often orientated at representative institutions, and was based more on the lack of coherence and of living witness of its members. Today, the very existence of an objective mediation between the divine and the subject is denied. The return of the spiritual seems then to deny the transcendent, with the consequent uselessness of religious institutions, and the refusal of the historical dimension of revelation and of the personal character of the divinity. Such denial is supported by some widespread publications and broadcasts which seek to destroy the historicity of biblical revelation, its main protagonists and its central events.

---

[9]John Paul II, Homily for the canonization of *Edith Stein*, in AAS 91 (1999) 249.

The Church however is tied to history. In the Creed there is even the reminder of the figure of Pontius Pilate, who anchors the faith to a particular moment of history. Hence adherence to the concrete realities is fundamental for our faith and responds to the needs of many who desire to find accordance between the truth of Christianity and biblical revelation and historical data. The Church is sacrament of Christ, it is the extension through history of the incarnation of the Word of God, 2000 years ago. Bossuet, *l'aigle de Meaux* said it in clear words: "The Church is Jesus Christ, spread and shared."

4.5. NEW CONTRASTS

To complete this brisk description, as a response to the appearance of this nameless and faceless multiform religiosity, there appear some new forms of the religious panorama of the contemporary culture.

- *New religious movements are seeing the light of day within the Church,* with clearly defined structures, a strong sense of aggregation and belonging. The existence and vitality of these movements, answers the new spiritual search, witnesses for a strong and non-narcissistic religiosity, and above all is rooted in the personal and ecclesial encounter with Christ, in the sacraments of the faith, in prayer, in the liturgy, lived and celebrated as Mystagogy, in the participation in the mystery of the living God, spring of life for each person.

- There is a surge of *fundamentalism* within Christianity as within Islam and Hinduism: in an age of uncertainty they seek security by fossilizing religion in the past. This responds to the need for spiritual and cultural identity in a world in prey to deep changes. Fundamentalism is the negative aspect of the new religiosity.

- *The search to elaborate a new civil religion,* is also being felt in various countries, particularly in Europe and North America. This arises from the need to find common symbols and an ethic founded on democratic consent. The reawakening of values tied to nationality, the search for an ethical consent, through the creation of *ad hoc* committees, the symbolism of major sporting occasions such as the Olympic games and the Football World Cup now seem to show the need to rediscover transcendent values in the solid-shared basis of human society in a pluralist culture.

By integrating these phenomena in their positive and negative aspects, the Church's pastoral approach to culture seeks to respond to the challenges that the new religiosity presents to the announcement of the Good News of Christ.

II. CONCRETE PROPOSALS

A challenge is not an obstacle. The challenges of today's cultures and of the new religiosity offer Christians the chance to deepen their faith and to seek ways of proclaiming the Good News of the love of Jesus Christ to reach those in the prey of unbelief and indifference. The Church's mission is not that of impeding cultural transformation but ensuring that faith in Christ is transmitted at the heart of cultures undergoing profound change.

Dialogue with non-believers and the pastoral approach to unbelief spring from the twofold mandate given to the Church to announce the Gospel to people and to cultures: "go out to all the world and preach the Gospel to every being" (Mark 16:15), and "go teach all nations" (Matthew 28:19). This missionary task belongs to the whole Church without exceptions. It cannot be separated from the whole life of the Church, nor is it a specialized activity to be entrusted to a few experts. The mission is transversal and includes catechism and teaching, liturgy and ordinary pastoral activity in families and parishes, seminaries and universities.

Every pastoral initiative in the face of unbelief and indifference springs from the life of the Church, a community life grounded in the Gospel. Without the dynamism which springs from a lived-out faith, any pastoral proposal would remain void of apostolic value. Inviting us to make holiness the primary and indispensable part of every pastoral program, the Holy Father reminds us of the importance of prayer, the Sunday Eucharist, the sacrament of reconciliation, the primacy of grace, listening to and proclaiming the Word.[10]

In this presentation of concrete proposals, the dialogue with those who declare themselves explicitly non-believers is accompanied by the proclamation of the Gospel addressed to all, be they baptized, non-believers, misbelievers, the indifferent, etc.,

---

[10]John Paul II, *Novo Millennio Ineunte–Apostolic letter*, nn. 30–31, in AAS 93 (2001) 287–288; and in Supplement to *L'Osservatore Romano* 8–9 January 2001, p. VII.

i.e. the evangelization of the culture of unbelief and of religious indifference.

1. DIALOGUE WITH NON-BELIEVERS

Rather than unbelief, we do well to remember we are addressing non-believers; each atheist and agnostic has his own story. Hence the most appropriate pathway is the dialogue which is personal, patient, respectful, loving, sustained by prayer, and which has at its heart the proposition of the truth in appropriate ways, at the just time, and in the firm belief that the truth is only imposed on its own terms,[11] and moved by the desire "that all come to know you, Father and he whom you have sent, that is Jesus Christ" (John 17:3).

1.1 PRAYER FOR NON-BELIEVERS

Friendly dialogue must be accompanied by intercessory prayer. An exemplary initiative is seen in the group "Incroyance-prière," founded by Father Jean-Baptiste Rinaudo in the diocese of Montpellier, France, with the support of the Pontifical Council for Culture. It has 3000 members spread across 50 countries of the world. Sure of the power of intercessory prayer, they commit themselves to pray each day for those who are distant from God. The following formula can serve as a model for other initiatives:

> I (name) commit myself to pray each day in all humility that God may lighten with His Holy Spirit a non-believer, as well as myself, in order that His immense love may be known to us and that we love Him as Father.
>
> *Dated and Signed.*[12]

Monasteries, places of pilgrimage, sanctuaries and centers of spirituality carry out an important role by their prayer, by offering spiritual guidance and direction, by listening and paying personalized attention to all those who seek spiritual help. Some monasteries have found "open-days" to be effective tools to create an aura of familiarity with these ecclesial institutions.

---

[11]Cf. *Dignitatis Humanae*–Declaration on Religious Liberty, n. 3, in AAS 58 (1966) 931.

[12]"Je soussigné(e) . . . prends l'engagement de prier chaque jour, en toute humilité, pour que Dieu éclaire par son Esprit un non-croyant—en même temps que moi même—afin de pouvoir le découvrir dans son immense amour et l'aimer comme un père. Fait à . . . Le . . . Signature." The address of *Incroyance et prière* is: 11 Impasse Flammarion, F-13001 Marseille, France.

A fertile terrain for dialogue with non-believers can be found in an anthropological approach centered on the fullness of the human person and without instrumental fragmentation. We cannot succumb to the temptation to stand by as though impotent and watch the "calm apostasy." On the contrary, we are called to reengage on our apostolic initiatives in faithfulness to the mandate of Christ (cf. Matthew 28:19–20), taking into account the inextinguishable need, even if it is sometimes unconscious, for peace, reconciliation and forgiveness present in every person. Our mission is to meet this person, taking his hand if necessary, but without pretending to create an ideal according to our needs and desires, to then pretend to be the guides for a perfect humanity, i.e., a humanity which is made to measure our desires. Such an error would mean that we reply to questions never asked, and find ourselves as safe and sure guides, but with nobody to lead.

Suffering is an inevitable traveling companion for every person, shouldered in total syntony by the *man of sorrows*, and an anthropological meeting ground. Faced with sickness, suffering and death, pain provokes the loss of meaning and a *kenosis*, and makes space for the search for a word, a face, someone capable of offering a ray of light in the depths of darkness. The Gospel mission asks us to make our faith be believed through strong spiritual experiences, and it pushes us to become, not intransigent crusaders, but humble witnesses, true signs of contradiction at the heart of the cultures on the earth, in rejoining our brothers without constraining them or wiping them out, but in accepting to "lower" ourselves for their benefit. The anthropological category of interhumanity has a particular meaning for our mission. It evokes this globalized world where the person risks being reduced to an "anthropological slumber." It is with this person that we have been called to enter into dialogue, because, it is the person, who is in every culture, who is the way of the Church (cf. *Redemptor hominis*, n. 14).

The challenge is ever present, particularly when the sacraments of Christian initiation are requested from within the families of non-believers or the indifferent. Indeed, through the meetings to prepare for the sacraments with those parents who do not believe or who are indifferent, sometimes it is possible to discern human and religious resources that are ever present, but often imprisoned. As believers, we cannot ignore this anthropological dimension: baptism, for example, is requested because it is a family tradition—the faith of the fathers—and desired to inscribe the child in the family genealogy. Meeting with these people gives us the chance to recognize that baptism represents something deeper, even beyond what the same parents might be prepared to admit. In fact, if their children are not baptized, in a sense there will be a hole in the history of the family. So we find ourselves in a seemingly paradoxical pastoral situation that brings us into contact with non-believers and the indifferent, but always grafted onto strong ancestral religious roots: such is the typical situation of post-modern culture. Hence, sincere and friendly human contact, prayer, a disposition marked by welcoming, listening, respecting, openness, courtesy, trust, friendship, politeness, graciousness, esteem and other such virtues are the basis on which it is possible to build in a personal rapport a pastoral approach in which each person feels respected and welcomed, for what he is, often without knowing it, a Being personally loved by God.

1.3 CONTENT AND MANNER OF THE DIALOGUE WITH NON-BELIEVERS

Constructive dialogue with non-believers, rooted in study and pertinent observation, can focus on some privileged themes:

- the big existential questions: the why and meaning of life and of responsibility; the ethical dimension of human life; the why and meaning of death in culture and in society; religious experience in its divers expressions, the inner freedom of the human person; human problems with religious consequences, and even the faith.
- the major themes of society: education of the young, poverty and solidarity, foundations for living side by side in multicultural societies, values and human rights, cultural and religious pluralism, religious liberty, work, the common good, beauty, aesthetics, ecology, biotechnology, peace and bioethics.

In some circumstances dialogue with non-believers takes on a more formal aspect and acquires a public nature, with discussion and debate with organizations that are explicitly atheist. While individual dialogue from person to person is the task of all the baptized, public dialogue with non-believers needs well-prepared agents. Hence the then Secretariat for Non-believers published the

1968 document *Dialogue with Non-believers*,[13] containing useful suggestions. In France, the members of the service *Incroyance et Foi* often participate at debates, colloquia and round table meetings at cultural centers and educational institutes, be they Catholic or other. In Italy, the "Chair of Unbelief" run by the Archdiocese of Milan permits dialogue between *belief and unbelief*, in a sincere meeting of Catholics and others under the guide of the Archbishop.[14] In Lisbon, the Patriarch has engaged in specific dialogue with intellectual atheists through correspondence published in a major newspaper.[15]

Within the context of dialogue with non-believers Fundamental Theology, as a renewed form of apologetics, has the tasks of giving an account of faith (1 Peter 3:15) and of justifying and expounding the relationship between faith and philosophical reflection through the study of Revelation in relation to the needs of today's cultures. It has its place in the *Ratio Studiorum* of seminaries, Faculties of theology and centers of formation for the laity in as much as it "should show how, in the light of the knowledge conferred by faith, there emerge certain truths which reason, from its own independent enquiry, already perceives" (*Fides et ratio*, n. 67).

2. EVANGELIZATION OF THE CULTURE OF UNBELIEF AND INDIFFERENCE

The evangelization of people does not exhaust the mandate entrusted by Christ to His Church. It is also necessary to evangelize the conscience of a people, its *ethos*, its culture (cf. *Evangelii nuntiandi*, n. 18). If culture is that by which man becomes more man, the spiritual atmosphere within which he lives and carries out his activity, it is clear that the spiritual health of man hangs

---

[13]Secretariat for non-Believers, *Dialogue with non-Believers*, Rome 1968. Cf. by the same secretariat the *Nota circa studium atheismi et institutionem ad dialogum cum non credentibus habendum*, Rome, 1970.

[14]The Cathedral meeting is structured as follows: each evening a theme is presented in an atmosphere of silence at the state University, with neither applause nor occasion for the public to speak. Each speaker is presented by the Cardinal and there are musical interludes. At the end of each evening the Cardinal invites the participants to write down their observation and objections. On the final evening, he seeks to respond to these written comments.

[15]*Debates on the Faith* should be the title of the book collecting this correspondence.

on the quality of the cultural air which he breathes. As unbelief is also a cultural phenomenon, the Church's response must wrestle with the cruxes of the culture of every society and every country.

The evangelization of culture aims at letting the Gospel penetrate the actual situation of the lives of the people of a given society. "Pastoral practice must undertake the task of shaping a Christian mentality in ordinary life" (*Ecclesia in Europa*, n. 58). More than at convincing, such evangelization aims at preparing the ground and at enabling listening, a type of pre-evangelization. If the basic problem is indifference, the necessary task is to attract attention, to stir up the interest of the people. Identifying the foot-holds or points of anchorage for the proclamation of the Gospel, the proposals here outlined offer various guidelines—*nova et vetera*—for a pastoral approach to culture which will help the Church to proclaim the faith in response to the challenge of unbelief and religious indifference at the dawn of the new millennium.

2.1. THE PRESENCE OF THE CHURCH IN THE PUBLIC FORUM

"Until the end of times, between persecutions of the world and the consolations of God, the Church pursues her pilgrimage"[16] in the trust and certainty of being sustained by the Lord. The visible presence and tangible action of the Church, universal sacrament of salvation, in a pluralist society is today more necessary than ever to put the people of the world in contact with the message of the Truth revealed in Jesus Christ. It is a widespread and diversified presence, in the great debates, social events, and meeting places capable of raising the attention, interest and curiosity of the indifferent world, so as to present the person of Christ and His message in a manner capable of holding the attention and provoking reception of the dominant culture:

A public witness which involves the youth, such as the World Youth Days meets with and provokes surprise, marvel and attention up to the point of attracting the young people often devoid of reference points and religious motivation. To this end the commitment and work of various spiritual movements for youth is of great worth. The World Youth Days are particularly useful in overcoming the false impression that the Church is a merely oppressive, ageing and decadent institution.

---

[16]Saint Augustine, *Oeuvres*, t. II, *The City of God*, XVIII, 51, 2.

New city missions that carry the Church out into the market place such as those that are currently being trailed across
Vienna, Paris, Lisbon and Brussels. Also, over the last ten years
apostolic marvel has been raised across the world by the *pilgrimage of the relics* of Saint Therese of the Child Jesus.[17] Even the
local ordinaries are sometimes astonished by the pious gatherings
for these traveling relics, of thousands of people, many of whom
are unaware of the route to their own parish church.

Christian movements and associations engaged in the public sphere, the mass media, and in governmental circles help to
develop a culture which is different from the dominant one, not
only at an intellectual level, but also at a practical one. To live
fully the mystery of Christ and to propose by the witness of a
lifestyle inspired by the Gospel according to the ideal of the *Letter
to Diognetus* remains the privileged witness of Christians to the
heart of the world.

*The collaboration of the Church with organizations of non-
believers* to do things that are good in themselves, and to favor
powerful moments of sharing and dialogue. The pastoral directives
in John XXIII's encyclical *Pacem in terris* enlighten: "if to do some
temporal good, believers collaborate with those who through error
do not believe or lack the fullness of faith in Christ, such contacts
may possibly provide the occasion or even the incentive to bring
them to the truth" (n. 158). This is the case where Christians collaborate, for example, with the *Agnostic pro-life league* in the fight
for life.

The promotion of public events on the great cultural themes
fosters contact and dialogue at a personal level with those who
work in the different domains of culture and are in themselves a
way for the Church to be present in society.

The *meetings or colloquia* organized by the Pontifical Council for Culture together with the Italian *Ente dello Spettacolo* on
spiritual cinema, and the *congress* or *convivium* organized together
with the Lutheran Church in Oslo, Norway on *Church and
Cinema* are examples of meetings which bring out the potential
of the language of film to sustain and encourage spiritual values
in today's cultures by the use of images. Another initiative under

---

[17]Msgr. Guy Gaucher, *"Je voudrais parcourir la terre."* *Thérèse de Lisieux
thaumaturge, docteur et missionnaire*, Cerf, October 2003.

the auspices of the Pontifical Council for Culture lies in the *Meeting on Religious Theater*. Such appointments make the most of the potential of the arts, offer opportunity for reflection, and help ensure a Christian cultural presence.

Each year the Holy Father assigns the *Pontifical Academies' Prize*, an event overseen by the Pontifical Council for Culture to encourage young academics and artists whose work and research offer notable contribution to the promotion of Christian humanism and its artistic expression. *Intellectual Catholic Weeks* and *Social Weeks* also give public visibility to the meeting between faith and culture and highlight the travails of Catholics in the social problems of our times.

The fundamental role of the *Mass Media* must also be underlined. Image, word, gesture and presence are necessary elements for an evangelization engaged in the cultures of the communities and peoples, even if it means being careful not to let image become more important than reality and the objective content of the faith. The enormous social and lifestyle transformations being witnessed and caused by the mass media necessitate an apt pastoral strategy: "Many young lay people have an inclination to work in the media. A pastoral approach to culture will ensure that they are prepared to be an active presence in the world of radio, television, books and magazines, the bearers of information which are also the daily reference-point for the majority of our contemporaries. Neutral, open and honest media offer well-prepared Christians a front-line missionary role: it is important that they should be well-trained and supported" (*Towards a Pastoral Approach to Culture*, n. 34). The professional and qualified presence of Catholics with a clear sense of identity in the mass media, in news agencies, in press offices, in newspapers, journals, magazines, behind internet sites and in Television companies is important to ensure accurate and fair news about the Church and to help today's world understand what is so special about the mystery of the Church and avoid undue focus on the marginal, the unusual, and ideological simplifications. Prizes, such as the *Catholic Prize for Cinema*, the *Robert Bresson Prize* at the Venice Festival, scholarships, *Christian Cinema Weeks*, and the creation of Catholic professional networks and associations to encourage and show support for the hard-but-necessary work being carried out in this important field, but without falling into the trap of creating a Catholic ghetto.

As is well known, one person's speech does not always guarantee another's understanding. An enormous effort is asked of us to use the language of today's people in order to share their needs and to respond to them sincerely and in an accessible manner. Such an approach, for example, was behind the success of the Archbishop of Gdansk in presenting a *Charter of Human Rights* with notable public impact, and honored the positive approach of the Council in its pastoral Constitution: "The joys and hopes, griefs and anxieties of the people of this age, especially those who are poor or in any way afflicted, these too are the joys and hopes, the griefs and anxieties of the followers of Christ. Indeed, nothing genuinely human fails to raise an echo in their hears. For theirs is a community composed of men and women, who, united in Christ, are led by the Holy Spirit in their journey to the kingdom of their Father and who have welcomed the news of salvation which is meant for all. That is why this community realizes that it is truly and intimately linked with the human being and its history" (*Gaudium et spes*, n. 1).

In conclusion, ensuring the *presence* of the Church in the public arena in dialogue with non-believers, means bridging the gap between the spiritual realm and daily life, to raise the questions and provoke the quest for the invisible in the heart of the visible. It means prodding up real questions before proposing convincing responses. Indeed, in the absence of the very question— and hence a personal interest—they will not captivate attention and will not be considered relevant. To employ an image: Christians must step out of the sanctuary and enter the market place, show off, without grotesque publicity, the joy of belief, and the importance of the faith for the reality of life. Engaging dialogue and credible witness can raise the desire to enter into the mystery of the faith. Such is the invitation to set out on the pathway of Jesus: "Come and See" (John 1:38).

2.2. IN THE FAMILY

If for some, unbelief is an abstract theory, it becomes real for parents when they see their children abandon the faith and live as though God did not exist. This causes acute pain. There is a need to help parents hand on, together with their cultural heritage, the inheritance of the faith and experience of God. The assistance offered to couples during their period of engagement, in preparation to marriage and after it is more than ever necessary. The experience of the *Équipes Notre-Dame* is important, as Christian homes offer each other help as they grow in their faith lives, by sharing the daily difficulties and joys and by deepening together their faith. There where the Gospel is written on the hearts of the youth by their families and teachers, the problems of adolescence become surmountable. The family, first school of the Gospel, is a key place where a lived-out faith can be transmitted, and can take form in concrete expressions which become part of daily Christian experience: in the proper celebration of religious feasts, in family prayer in the evening, at bedtime and at mealtime, in the recitation of the rosary, in the visiting of churches, and in the setting aside time for *lectio divina*. Within the naturally enriching experience of family life, where trials, joys and tribulations nurture Christian virtues, by physically accompanying offspring to church-based liturgical activity and by being a family in prayer, parents and guardians are the first evangelizers of their children and build up solid roots on which to offer the special support needed at the time of preparation to receive the sacraments and to form a Christian conscience. Hereby they live a fuller version of family and ecclesial life. "Family catechesis" are one example, where the parents themselves, and particularly the fathers, exercise their parental responsibility in the proclamation of the Gospel.

The family is a place of culture, of life and for life, where each member learns from the other the fundamental values of community living, in appreciating each other's diversity and riches. In order to install in Christian families the "criteria of judgment, determining values, points of interest, lines of thought, sources of inspiration and models of life" (*Evangelii nuntiandi*, n. 19), i.e., a culture inspired by faith, it is important to dedicate more time to family life. In this way can be born a new way of seeing and of living, of understanding, of acting and of preparing the future, and of being promoters of a new culture. Moreover, in an image-driven culture, it is important to educate the children to control their use of the television, to watch it together with them, discuss its content and answer their questions with availability and love. Otherwise, television might steal the time necessary for interpersonal relationships that are so important for the handing on of the faith.

2.3. CHRISTIAN INITIATION AND RELIGIOUS EDUCATION

Ignorance, both religious and cultural, is one of the main causes of unbelief, bad belief and religious indifference. To confront ignorance it is necessary to reinforce existing forms of education and formation, especially the basics. The key role is in the hands of teachers, who before anything else must be witnesses. Teaching moments are omnipresent and of great importance, as Jesus himself showed, spending most of his public ministry teaching.

In this field there is a need to identify more clearly what is unique to Christianity both in terms of research and also in terms of preparing catechists, particularly in comparison with the New Age,[18] sects, and New Religious Movements.[19] Superstition and magical tendencies are the result of a lack of education. Ignorance of the essential contents of the faith favor the growth of sects and the appearance of false prophets. The differences between eternal life and the spirit world, transcendental meditation and Christian contemplation, miracles and faith-healing, the liturgical year and the ecological cycle need to be clearly explained and clearly grasped.

Christian Initiation, Catechesis, and the Catechumenate

The need to give greater care to Christian Initiation is widely felt and is accompanied by the desire for a more enriching and enduring sacramental catechism, *conditio sine qua non* for a continuous growth into the divine life and in the love of the Church. Many feel the need to introduce or reintroduce catechesis for adults, not just seek to fill the cognitive gaps, but to lead to a personal and ecclesial experience of faith. The catechumenate is proposed in various forms, among which the ecclesial movements are proven providers of formation and growth in the faith, such that in some countries the catechumenate is in continual progress and is giving life to a new generation of believers who find together the joy of believing in Jesus Christ and of sharing in the Church a fervor, a communicating enthusiasm and a living hope.

Bible study and reading in parishes are enabled by appropriate programs. Various initiatives are underway to ensure each baptized person's right to receive a true doctrinal education, which goes hand in hand with the duty to continue reading and

---

[18]Cf. *Jesus Christ the Bearer of the Water of Life*, cit.

[19]Cf. www.cesnur.org

studying the contents of the faith and to hand them on from one generation to the next.[20] In this context activity specifically orientated to certain groups has been found useful: children, students, the newly-graduated, young adults, pensioners, and community leaders. Initiatives offering formation at various levels on matters biblical, moral, of the social doctrine of the Church, help to enable the participants to be more pro-active in the discernment, by the light of the Gospel, of the goings on of their societies.

Educational Institutions

The Church has at its disposition a substantial network of teaching centers, from primary and elementary schools through to Universities. Each day young people in their millions find themselves in contact with Catholic schools and teaching establishments. This situation has enormous potential, but care must be taken to ensure that formation is truly Catholic and that the faith become the unifying element for all activities of such institutes. Of significance also is the teaching of religion in state schools, where through up to 90 percent of school age children can be exposed to the Catholic faith. Contact with the youth in school is fertile ground for a pastoral approach to culture.

Where religion lessons are not possible, it is important to maintain a religious presence at school. In some states of the U.S.A., Catholic and Protestant parents and teachers, have united in campaign to ensure prayer space in state schools. An initiative not from on high, through decrees and parliament, but from grassroots, with signature gathering and local campaigning. In the same way they have ensured that the importance of the determining role played by religion in culture is given in lessons such as history and art.

Of importance is the presence of the Church in the university,[21] both in terms of academic teaching and in pastoral presence. Even where faculties of theology have not been established, the Church seeks to maintain a pastoral presence in the university, but this is not to be confused with pastoral care of the youth. It should focus primarily on the evangelization of the intellect, on

---

[20]*Code of Canon Law,* Canon 229, 748 and Canon 226 § 2.

[21]Cf. Congregation for Catholic Education–Pontifical Council for the Laity–Pontifical Council for Culture, *Presence of the Church in the University and in University Culture,* Vatican City, 1994. In EV 14, 1371–1375.

the creation of a synthesis between faith and culture, and be orientated to the staff to ensure the formation of Catholic intellectuals.

In the seminaries and faculties of theology, philosophy and fundamental theology are key disciplines for dialogue with modern culture. New courses and programs in the field of dialogue between faith and science are considered appropriate. As an example stands Project STOQ (Science, Theology and the Ontological Quest),[22] which has sprung up in Rome from the combined forces of several Pontifical Universities under the patronage of the Pontifical Council for Culture with the purpose of forming competent personnel for the faith-science dialogue. It is an experience which is paradigmatic for other centers.

Other initiatives to be encouraged in terms of concrete proposals are: the creation of Academies for Life, Resource Centers—libraries, video-libraries and bookshops, and the encouragement of printing and publication of newspapers of Christian inspiration, and aimed at large diffusion.

Organizations specializing in the dialogue with non-believers and the culture of unbelief are also needed, and should work in conjunction with the Commissions for culture and for unbelief of the Episcopal Conferences. In the Faculties of Theology, departments and observatories on unbelief are useful, as can be seen in those that exist at Zagreb, Split, and at the Pontifical Urban University. Small study groups for informal purposes to continue these reflections are also useful. Chairs for the study of atheism can be adapted to promote the study of atheism, to reflect on the new forms of unbelief and thus be of greater assistance to the pastoral mission of the Church.

2.4. THE PATHWAY OF BEAUTY AND OF CULTURAL HERITAGE

Beauty is one of the privileged pathways to bring people nearer to God and to quench their spiritual thirst. Beauty "puts joy in hearts, is a precious fruit that resists the wear and tear of time, unites generations, and makes them share things in admiration."[23] With its symbolic language, beauty is capable of uniting men and women from different cultures on common values. Through their

---

[22]Cf. www.stoqnet.org

[23]Vatican Council II, *Message for Artists*, in *AAS* 58 (1966), 13; *EV* 1, n. 497; Cf. John Paul II, *Letter for Artists*, n. 3, in *AAS* 91 (1999) 1155; *EV* 18 (412–413); *Towards a Pastoral Approach to Culture*, n. 36.

roots in a common anthropological identity and in the original experience of their humanity, these common values permit man to keep his heart open before the enticement of mystery and of the absolute.[24] In this context the Church opens herself to new epiphanies of beauty, that is, she enters on a new *via pulchritudinis* that goes beyond the concept of beauty of ancient Greek philosophy. The Scriptures reveal the Messiah to us, "the most beautiful of the sons of men" who lowered himself for each one of us, presenting himself as "a man of sorrows" (Isaiah 53:3). In a culture marked by globalization where *doing, creating* and *working* occupy a fundamental place, the Church enriches the person by promoting *being, praise* and *contemplation* to reveal the dimension of the Beautiful One. The need for an adequate pastoral approach to artists and the arts, and also the appropriate use of cultural heritage cannot be sufficiently stated.

The Fathers of Vatican Council II recognized the importance of dialogue with the cultivators of the arts and the value of a continual and benevolent presence of their works in the Church as a means of raising the human spirit to the Lord. It is good to open up and maintain *dialogue* with artistic institutions and societies to foster mutual relationships, capable of enriching both the Church and the same protagonists of artistic creativity. Indeed many artists have found in the heart of the Church a place of personal creativity, where the welcome has been accompanied by proposals, critical judgment and discernment. Evidently the formation of the laity and the clergy in cultural and artistic matters favors dialogue with all those "who are passionately dedicated to the search for new "epiphanies" of beauty so that through their creative work as artists they may offer these as gifts to the world."[25]

Cultural Weeks, Arts Festivals, Exhibitions, and *Sacred Art Prizes, and Arts Programs,* promoted sometimes in collaboration with civil authority, assist in the pastoral approach to the pathway of beauty, as a privileged way for the inculturation of the faith. Such activity can be accompanied by other activities which aim at offering more people the experience of beauty so that the person of Christ and the mysteries of the faith continue to be a preferred source of inspiration for artists.

---

[24]Cf. John Paul II, *Novo millennio ineunte,* 15 and 31.

[25]Thus the dedication of the Holy Father's *Letter to Artists.*

In the field of literature, the creation of literary circles, and meetings such as those organized by the Pontifical Council for Culture for poets, writers, thinkers and scholars of both Catholic and secular interest permit healthy exchange.

At the same time, the cultural heritage of the Church remains a means of evangelization. Buildings of Christian inspiration constructed through centuries of faith are an authentic witness of a culture shaped by the Gospel of Christ, and sure guides for a good Christian education. The restoration of churches, particularly their façades, and other sacred places, perhaps with state assistance, incites a response to the invitation of Jesus: "Let your light shine in the sight of men, that they may see your good works" (cf. Matthew 5:16).

The organization and promotion of concerts of sacred music, exhibitions of sacred art and choreographed events of Christian inspiration help many people grow in their faith through the pathway of the experience of beauty, meeting the Savior in an intimate manner through the contemplation of a work of art. Exhibitions such as London's *Seeing Salvation*, Spain's *Las edades del hombre*, and at Rome's *Le Dieu caché*, have attracted an enormous public and are typical examples of the capacity of art to reach the unsatisfied heart of modern man. Indeed many people today are discovering the impotence of rational and technical culture to fill the deeply-felt need for meaning which resides in every person, and they have difficulty understanding the complex situation of the world and of the human person, of his mystery, in the single affirmation of freedom and research for a well-being that is often artificial.

In some countries there is a growing need and desire for religious teaching at university level for students of the arts and humanities. Such students often lack the basic and elementary concepts essential to Christianity which leaves them incapable of understanding their own artistic, historical and cultural heritage. Specific courses on Christianity for students of the arts and history, through cultural heritage offers one opening to put them in touch with the Good News of Christ.

The pathway of beauty is of particular importance in the liturgy. When, in due accord with liturgical norms, the dimension of the sacred manifests itself through artistic presentations, the mystical celebrations can stir up the indifferent and entice the new forms of non-believers to ask the big questions. The *via pulchritudinis* also becomes the way of joy, manifest in the celebration of religious feasts as well as other occasions to rejoice in the faith.

2.5. A NEW LANGUAGE TO SPREAD THE GOSPEL: REASON AND FEELING

Cardinal Newman, in his *Grammar of Assent*[26] wrote of the importance of a two-sided approach to evangelization, heart and head, i.e., through feeling and reason. A growing importance is given to the emotional dimension of the person in our days, and many Christians re-find in this angle the pleasure of believing. They feel the need to strengthen their reasons for believing, by means of an appropriate formation, in cultures suffused by irrationalism, where the Church is the Good Samaritan for down-and-out reason.

The first problem is that of language. With which language can we share the Good News of Christ, unique savior of the world? The culture of indifference and of relativism, borne of the secularized west does not favor communication based on objective discourse. In such conditions, dialogue and even communication are seriously compromised. If those who live in this culture have difficulty discovering the *res significata*, i.e. Christ himself, it is necessary to rethink the *res significans*, i.e. all that leads to Him and the mysteries of the faith, according to the culture of the addressees of the Gospel message, for a renewed evangelization.

Being near to the young, seeking to understand their way of life and their culture, is a first step in finding a language capable of communicating the experience of God to them. Some television channels, such as MTV,[27] base their success among the youth by combining anger and sympathy, sarcasm and tolerance, responsibility and unfretted egoism. Adopting to a certain extent this kind of strong emotive language, and of course purifying it, the Church's dialogue with the youth is facilitated, and through a direct and meaningful relationship established with the people, the aspects of their culture which are negative can be transformed from within, and those which are positive sustained. The mass media in particular are able to communicate a positive experience

---

[26]J. H. Newman, *An Essay in Aid of a Grammar of Assent*, I. Ker (Ed.), Oxford University Press, 1985.

[27]Music Television (MTV) is the international television channel at the centre of the popular music culture—the equivalent, from a cultural point of view of CNN whose 24 hour news programmes undergird the information culture.

of conversion and of faith, as it is lived by real people with whom it is possible to identify.

Clearly, the Church can dip into her long-standing tradition to touch people by the allure of music, whether liturgical or popular. Indeed music has enormous potential to open people up to the religious dimension, and it has an appeal even outside ecclesiastical circles, as recent use of Gregorian chant has shown.

The *culture of the meaningful relationship* is indispensable if Christian witness is to involve "the other" in an itinerary of faith. The primacy of the person and of personal relationships is essential for evangelization. Authentic missionary contact comes through dialogue and through the building up of interpersonal relationships. Such openness is realized by being "near" all those who struggle to develop good relationships whether within the family, or within the Christian community itself, and by providing wise and competent educators for the accompaniment of school children, adolescents and couples in their various activities. The elderly too need a specific pastoral care adequate for their own requirements. All this requires an effort by the Christian community to ensure that each person feels welcome, understood, loved and not just a component of an institution. Even in the present climate of the religious supermarket, in which feelings and an emotional and aesthetic approach to reality dominate, the Church can offer seekers, a safe and exhaustive embrace stemming from the truth and goodness of faith in Jesus Christ, Who alone provides in his life, death and resurrection the answer to all the interrogatives about the great mystery of life.

The *New Age* and the sects have often attracted people by playing on the emotions. To respond to this challenge, answering Blessed John XXIII's invitation to use the "medicine of mercy rather than that of severity,"[28] the Church goes out to meet all those who are in search of the Truth, showing particular care for those who are passing through moments of fragility and anxiety, which leave them as easy prey for the sects. To these people we are called to present the mystery of the cross: in it, without falling into the traps of absurdity or sentimentalism, we can share the sufferings of injured people, and help them find the possibility of giving meaning to their distressing situations.

---

[28]John XXIII, *Discourse for the Opening of the Council*, 11 October 1962.

Personal relationships within the Church, above all in the larger parishes, are important. Smaller communities tied to ecclesial movements which take into consideration the particular anthropological, geographical, cultural and social strata specificities of the people, help renew and strengthen the life of communion. The joy of belonging to the family of God is the visible sign of the message of salvation, and the Church, family of families, appears as the veritable "place" of meeting between God and man.

The missionary stance towards those who have become distant from the Church, and whom we would call non-believers and indifferent, is always that of the Good Shepherd who goes in search of the lost sheep and draws them back into the fold. The same attentive and fraternal welcome is also fundamental for those who, in ever greater numbers, are only occasional visitors to the Church.[29] Dialogue with these people can be much easier than is often thought. Often just a little courage is needed to give them a personalized and warm invitation, or to give life to a sincere friendship, to gain trust and better understanding of the Church.[30]

Inculturating the faith and evangelizing cultures through interpersonal relationships permits people to *feel at home* in the Church. The missionaries who went from the West such as Matteo Ricci and De Nobili achieved success because the Asian people saw them immersed in their cultures, in their language, their customs, and with the respect and desire to learn from them in a reciprocal exchange. To evangelize today's cultures requires a loving and intelligent immersion into them, to understand them in depth and to be present therein in all its aspects and with true charity.

---

[29]In this manner stands the pastor who welcomes the disconnected to the Christmas Mass, replacing the offensive "We'll see you this time next year" with the affectionate "We miss you, come back and stay with us!"

[30]Cf. a project undertaken by the Redemptorists in Edinburgh. Inserting an advertisement in the local newspaper under the slogan "Once a Catholic? Why not give it another try?" and offering a pamphlet they received about 2000 telephone calls.

2.6. CATHOLIC CULTURAL CENTERS[31]

"Catholic cultural centers offer to the Church the possibility of presence and action in the field of cultural change. They constitute in effect public forums which allow the Church to make widely known, in creative dialogue, Christian convictions about man, woman, family, work, economy, society, politics, international life, the environment" (*Ecclesia in Africa*, n. 103).

Catholic Cultural Centers, especially those structured as Cultural Laboratories, "are a rich and varied phenomenon, whether it is a question of names (Cultural centers or circles, academies, university institutions, houses of formation), of orientation (theological, ecumenical, scientific, educational, artistic etc . . .), of chosen themes (cultural trends, values, intercultural or interreligious dialogue, science, art etc . . .), or of the activities undertaken (conferences, debates, courses, seminars, publications, libraries, artistic and cultural events, exhibitions etc . . .). The very concept of a "Catholic cultural center" brings together the variety and the richness of the different situations in a country: there are institutions linked with an ecclesiastical body (parish, diocese, Bishops' Conference, religious order etc . . .) as well as initiatives on the part of Catholics which are private, but still in communion with the Church" (*Towards a Pastoral Approach to Culture*, n. 32).

Catholic Cultural Centers are privileged places to develop the pastoral approach to cultures, where serious debate with the help of films or lectures can consider current cultural issues. The response to the questions posed by culture unfolds many of the obstacles to the faith, gift of God received through hearing (Romans 10:17).

2.7. RELIGIOUS TOURISM

In some parts of the world there are people with much free time on their hands, in others inhumane working conditions continue to enforce a form of slavery. The promotion of *religious tourism*, after the tradition of pilgrimages, remains important. Among the various initiatives apt to respond to the legitimate cultural needs of the indifferent and new non-believers, and uniting the fruition

---

[31]Cf. Pontificio Consiglio della *Cultura–Servizio Nazionale per il Progetto Culturale della CEI, Centri Culturali Cattolici. Perché? Cos'è? Cosa fare? Dove?*, Cinisello Balsamo (MI) 2003; *Towards a Pastoral Approach to Culture*, n. 32.

of religious heritage with the Christian duties of welcoming, handing on the faith, and charity, the following stand out:

- open an office for the co-ordination of ecclesial activities with the requirements of tourists, aiding them to understand the specificity of local Christian heritage, which is above all cultic;
- set-up activities, events, diocesan museums, cultural itineraries where local art, preserved for future generations, can become instruments of catechesis and education;
- help people to know popular piety through devotional itineraries, letting the people touch upon the richness, diversity and universality of the faith as it is lived in various peoples;
- create organizations of catholic guides for the various local monuments, capable of offering a service that is both cultural and marked by the witness of faith, thanks to a serious Christian and artistic education;
- use and create diocesan web-sites to publicize and advertise such activities.

3. THE WAY OF LOVE

"What does most to reveal God's presence, however, is the *brotherly charity of the faithful* who are united in spirit as they work together for the faith of the gospel and who prove themselves a sign of unity" (*Gaudium et spes*, n. 21). The witness of charity is the most convincing argument to prove the existence of God; it is the "better way" of which Saint Paul wrote (1 Corinthians 13). In Christian art and the life of saints, shines the sparks of beauty and of God's love that incarnates himself in ever new ways in people's lives. In the end it is beauty that will save the world:[32] a morally upright life in the example of Christ attracts each and every individual person to the good. It is no coincidence that for the ancient Greeks the ideal of human life was the "kalokagathia," i.e., the possession of all physical and moral qualities, the beauty and the good. The philosopher Jacques Maritain has made beauty a transcendent at the same title as good and truth: *esse est unum et bonum et verum et pulchrum convertuntur*. This synthesis is manifest in the life of the Christian and above all in the Christian community: it is not a case of "showing off" at any cost, but of sharing the joy of the experience of faith in Christ, the good news

[32]F. Dostoyevski, *The Idiot*, p. III, ch. V; cf. John Paul II, *Letter to Artists*, n. 16.

for all people and their cultures. Thereby our contemporaries can be touched at the heart of their unbelief and their indifference. The great saints of our time, especially those who have offered their lives for the poor, united with the host of saints of the Church, make up the most eloquent argument to evoke in the hearts of men and women the questions about God and to offer an adequate response: it is Christ the Beautiful, "ego eimi o poimen o kalos" ("I am the good[33] shepherd") (John 10:11), who attracts hearts to the Father, with the grace of the Holy Spirit.

The witness of pardon and of fraternal love between Christians extends to all men and women and becomes an ardent prayer. It is a call to every Christian, as Saint Augustine recommends: "Brothers, in all earnestness we invite you to this charity, not only to your companions in faith, but also to those outside, be they pagans who do not yet believe in Christ, or be they separated from us . . . . Brothers, let us feel pain for them as for our brothers . . . . It is time that we show them a largesse of charity, an infinite mercy in supplicating God for them that he finally grant them ideas and sentiments of wisdom to mend their ways and to surrender to the fact that they have absolutely no argument with which to oppose the truth."[34]

4. IN SYNTHESIS

A synthetic vision of the indications, suggestions and proposals by people coming from different cultures, from five continents and from their various pastoral experiences, allows us to set out the following points which merit particular attention.

- The importance of witnessing the beauty of being a person loved by God.
- The need to renew Christian apology to give an account with gentleness and respect of the hope that animates us (1 Peter 3:15).
- Reach *homo urbanus* through a public presence in the debates of society and put the Gospel in contact with the forces that shape culture.

---

[33]The Greek word *kalos* "good" also has the sense of "beautiful."

[34]Saint Augustine, *Commentary on the Psalms*, Psalms 32, 29, in *Corpus Christianorum Latina* 38, 272–273.

- The urgency of learning to think, from school to university, and to have the courage to react, faced with the tacit acceptation of a dominant culture often marked by unbelief and religious indifference, by a new and joyous proposal of Christian culture.

- Show to the non-believers, indifferent to the question of God but open to human values, that to be truly human, is to be religious, that man finds the fullness of his humanity in Christ, true God and true man, and that Christianity is a good news for all men and women in all cultures.

CONCLUSION: "AT YOUR WORD LORD, I WILL CAST THE NETS" (LUKE 5:4)

The Fathers of the Vatican Council II affirmed firmly: "One is entitled to think that the future is in the hands of those who will be able to offer coming generations reasons for living and hoping" (*Gaudium et spes*, n. 31). For Christians, this is the hour of hope. This theological virtue is the theme of the Apostolic Exhortation *Novo millennio ineunte*; at the end of the Great Jubilee of the year 2000, it is the horizon of faith for the whole Church at this turning-point of history. Now, as yesterday, only Christ is able to offer reasons for living and hoping. The enigma of death and the mystery of suffering, above all that of the innocents, remain scandalous for many, today as ever, in all countries. But the desire for eternal life has not been extinguished in the heart of men. Only Jesus Christ, who has conquered death and has re-given life to men, can offer a decisive response to suffering and to death, He alone is the true bearer of the water of life that quenches the thirst of men. There is no other path than to contemplate His face, to experience the communion of faith, of hope and of love in the Church, and to give to the world the witness of charity and the primate of grace, of prayer and of holiness. Faced with the new challenges of unbelief and religious indifference, of the secularization of believers and of the new religiosity of "me," such are the reasons for hope, based on the Word of God: "Your word is a lamp for my steps, a light on my path" (cf. Psalm 119:105).

The combined phenomena of spiritual void and homelessness, of institutional defiance and of emotional sensitivity of the West, call for a new fervor and authentic Christian life, of courage and of apostolic creativity, of uprightness of life and doctrinal correctness to witness through renewed believing communities to beauty and truth, the greatness and incomparable force of the Gospel of Christ. The interrelated challenges of unbelief, religious indifference and the new religiosity are just as much calls to evangelize new cultures and the new religious desire appearing under a pagan and gnostic form at the dawn of the third millennium. This is the urgent pastoral mission for the whole Church in our days, at the heart of all cultures.

After a night of hard work with no result, Jesus invited Peter to return to the lake to cast the nets. It seemed futile work, but Peter, trusting in the Lord, replied without hesitation: "Lord, at your word, I will cast the nets" (Luke 5:4). The nets filled with so many fish that they almost broke. Again today, after nearly two thousand years of work in the boat of history, the Church is invited by the Lord to cast out into the deep, far from the riverbank and human safety and to cast again her nets. The time has come to reply with Peter: "Lord, at your word, I will cast the nets."

¿DÓNDE ESTÁ TU DIOS?
LA FE CRISTIANA ANTE
LA INCREENCIA RELIGIOSA

CARDENAL PAUL POUPARD
Y
CONSEJO PONTIFICIO DE LA CULTURA

ÍNDICE

SALUDO DEL CARDENAL PAUL POUPARD
AL SANTO PADRE

AL TÉRMINO DE LA ASAMBLEA PLENARIA DEL CONSEJO PONTIFICIO DE LA CULTURA

13 MARZO 2004

Beatísimo Padre:

Hace ya 24 años, recibiendo al Congreso *Evangelización y ateísmo,* nos decíais, el 19 de octubre de 1980, evocando el drama espiritual de nuestro tiempo: "La Iglesia no puede desinteresarse. Al contrario, desea afrontarlo con valor". Y nos invitabais, siguiendo las orientaciones del Concilio Vaticano II, a proponer el Evangelio "al hombre concreto, existencial, ocupado en sus preguntas y sus esperanzas, sus dudas e incluso sus negaciones . . . y por tanto, a conocerlo, con ese conocimiento enraizado en el amor, que abre un diálogo en la claridad y la confianza entre hombres separados por sus convicciones, mas convergentes en su mismo amor hacia el hombre".

Desde entonces, a lo largo de Vuestro fecundo pontificado, no habéis dejado de recorrer a grandes pasos el mundo entero, realizando con valentía y lucidez, en el corazón de los diversos espacios culturales de nuestro tiempo, el programa que Vos mismo nos llamabais a seguir: ser "en espíritu y en verdad testigos del Dios vivo, portadores de su ternura de Padre en los recovecos de un universo encerrado en sí mismo y oscilante entre el orgullo luciferino y la desesperación del desencanto".

Mientras nuestra santa Madre, la Iglesia católica, no cesa de engendrar, con la gracia de Dios, nuevos hijos, nuestra *Plenaria,* con la riqueza de la aportación de los pastores, llegados de los cinco continentes, nos ha confrontado con una situación nueva de vacío interior, una especie de pesadumbre espiritual que va invadiendo algunos países, donde el ateísmo militante de ayer deja el puesto a una increencia difusa, una indiferencia religiosa creciente. Esta toma de conciencia exige de toda la Iglesia una renovación en el pensamiento, la oración, la acción, una presencia renovada de la Iglesia en el foro público, nuevos lenguajes para transmitir el Evangelio y tocar la razón y la sensibilidad, conjugando las vías de la verdad y de la belleza en un mismo amor compartido a Cristo, a quien Vuestra Santidad quiso consagrar, hace ahora veinticinco años, Vuestra primera carta encíclica: *Redemptor hominis*.

Gracias, Santo Padre, por invitarnos con audacia y fervor a remar mar adentro, con Vuestra Paterna bendición apostólica, *Tertio millennio ineunte*.

DISCURSO DEL PAPA JUAN PABLO II

A LOS PARTICIPANTES EN LA ASAMBLEA PLENARIA DEL CONSEJO PONTIFICIO DE LA CULTURA

13 MARZO 2004

Señores cardenales,
queridos hermanos en el episcopado
y queridos miembros del Consejo Pontificio de la Cultura:

1.   Al concluir vuestra asamblea plenaria, consagrada a la reflexión sobre "La fe cristiana al alba del tercer milenio y el desafío de la increencia y de la indiferencia religiosa", os recibo con alegría. Doy las gracias al cardenal Poupard por sus palabras. El desafío que ha sido objeto de vuestras sesiones de trabajo constituye una preocupación esencial de la Iglesia en todos los continentes.

2.   En relación con las Iglesias locales, habéis trazado el mapa de una nueva geografía de la increencia y la indiferencia religiosa en todo el mundo, constatando una ruptura del proceso de transmisión de la fe y de los valores cristianos. Al mismo tiempo se nota una búsqueda de sentido de nuestros contemporáneos, de la que dan testimonio algunos fenómenos culturales, sobre todo los nuevos movimientos religiosos muy difundidos en Latinoamérica, en África y Asia, que manifiestan el deseo de todo ser humano de captar el sentido profundo de su existencia, de responder a las cuestiones fundamentales sobre el origen y el fin de la vida, y de caminar hacia la felicidad a la que aspira. Más allá de las crisis de civilización, de los relativismos filosóficos y morales, los pastores y los fieles deben tener en cuenta los interrogantes y las aspiraciones esenciales de los seres humanos de nuestro tiempo, para

dialogar con las personas y los pueblos y proponer el mensaje evangélico y la persona de Cristo Redentor. Las expresiones culturales y artísticas no carecen de riquezas ni de recursos para transmitir el mensaje cristiano. Ahora bien, exigen conocimientos para que puedan convertirse en vehículos de transmisión de aquél y ser leídas y comprendidas.

En el momento en el que la gran Europa vuelve a encontrar lazos fuertes, es necesario apoyar al mundo de la cultura, de las artes y de las letras, para que contribuya a la edificación de una sociedad que no se funde en el materialismo, sino en valores morales y espirituales.

3. La difusión de ideologías en los diferentes campos de la sociedad llama a los cristianos a un nuevo salto de calidad en el campo intelectual para proponer reflexiones vigorosas que presenten a las jóvenes generaciones la verdad sobre el hombre y sobre Dios, invitándoles a ahondar cada vez más en la comprensión de la fe. A través de la formación filosófica y catequística, los jóvenes sabrán discernir la verdad. Un itinerario racional serio constituye un baluarte contra todo lo que se deriva de las ideologías; invita a profundizar cada vez más para que la filosofía y la razón se abran a Cristo. Esto se ha dado en todos los períodos de la historia de la Iglesia, en particular durante el período patrístico, en el que la cultura cristiana naciente supo entrar en diálogo con las demás culturas, especialmente la griega y la latina. Una reflexión de este tipo será también una invitación a pasar de un planteamiento racional a uno espiritual para poder llegar al encuentro personal con Cristo y edificar el ser interior.

4. Por tanto, os corresponde discernir las grandes mutaciones culturales y los aspectos positivos para ayudar a los pastores a dar respuestas apropiadas que abran al ser humano a la novedad de la Palabra de Cristo. Al concluir nuestro encuentro, os expreso mi gratitud por vuestra colaboración y, encomendándoos a la Virgen María, os imparto una afectuosa bendición apostólica.

INTRODUCCIÓN

1. *La fe cristiana, al alba del nuevo milenio, se ve confrontada con el desafío de la increencia y de la indiferencia religiosa.* El Concilio Vaticano II, hace ya cuarenta años, compartía esta grave constatación: "muchos de nuestros contemporáneos no perciben de ninguna manera esta unión íntima y vital con Dios o la rechazan explícitamente, hasta tal punto que el ateísmo debe ser considerado entre los problemas más graves de esta época y debe ser sometido a un examen especialmente atento" (*Gaudium et spes*, 19).

Con este objetivo, el papa Pablo VI creó en 1965 el Secretariado para los no creyentes, confiado a la dirección del Cardenal Franz König. Cuando en 1980 Juan Pablo II me llamó a sucederlo, me pidió también que pusiera en marcha el Consejo Pontificio de la Cultura, que más tarde, en 1993, fusionó con el Secretariado, convertido mientras tanto en Consejo Pontificio para el Diálogo con los No creyentes. Su motivación, expresada en la Carta apostólica en forma de *motu proprio Inde a Pontificatus*, es clara: promover "el encuentro entre el mensaje salvífico del Evangelio y las culturas de nuestro tiempo, a menudo marcadas por la no creencia y la indiferencia religiosa" (art. 1) y "el estudio del problema de la no creencia y la indiferencia religiosa presente, bajo diferentes formas, en los diversos ambientes culturales, investiga sus causas y consecuencias por lo que atañe a la Fe cristiana" (art. 2)[1].

Para cumplir este mandato, el Consejo Pontificio de la Cultura ha llevado a cabo una investigación a escala mundial. Sus resultados—más de 300 respuestas procedentes de todos los continentes—fueron presentados a los miembros del Consejo Pontificio de la Cultura durante la Asamblea plenaria de marzo de

---

[1] *Inde a Pontificatus*, 25 de marzo de 1993, AAS 85 (1993) 549–552.

2004, siguiendo dos ejes principales: en primer lugar, cómo acoger "los gozos y las esperanzas, las tristezas y las angustias" de los hombres de este tiempo, lo que hemos llamado "puntos de anclaje para la transmisión del Evangelio"; y en segundo lugar, qué vías privilegiar para llevar la buena noticia del Evangelio de Cristo a los no creyentes, a los mal creyentes y a los indiferentes de nuestro tiempo, cómo suscitar su interés, cómo hacer que se interroguen sobre el sentido de la existencia y cómo ayudar a la Iglesia a transmitirles su mensaje de amor en el corazón de las culturas, *novo millennio ineunte.*

Para ello, es necesario, ante todo, responder a algunas preguntas: ¿quiénes son los no creyentes? ¿cuál es su cultura? ¿qué nos dicen? ¿qué podemos decir a propósito de ellos? ¿qué diálogo se puede entablar con ellos? ¿qué hacer para despertar su interés, suscitar su preguntas, alimentar sus reflexiones y transmitir la fe a las nuevas generaciones, a menudo víctimas de la indiferencia religiosa de la que está impregnada la cultura dominante?

Estas preguntas de los pastores de la Iglesia expresan uno de los desafíos más preocupantes de "nuestra época, a la vez dramática y fascinante" (*Redemptoris missio,* 38), el desafío de una cultura de la increencia y de la indiferencia religiosa que, desde un Occidente secularizado, se extiende a través de las megápolis de todos los continentes.

En efecto, en amplios espacios culturales donde la pertenencia a la Iglesia sigue siendo mayoritaria, se observa una ruptura de la transmisión de la fe, íntimamente ligada a un proceso de alejamiento de la cultura popular, profundamente impregnada de cristianismo a lo largo de los siglos. Es también importante tener en cuenta los datos que condicionan este proceso de alejamiento, debilitamiento y oscurecimiento de la fe en el ambiente cultural cambiante donde viven los cristianos, con el fin de presentar propuestas pastorales concretas que respondan a los desafíos de la nueva evangelización. El *habitat cultural* donde el hombre se halla, influye sobre sus maneras de pensar y de comportarse, así como sobre los criterios de juicio y los valores, y no deja de plantear cuestiones difíciles y a la vez decisivas.

Tras la caída de los regímenes ateos, el secularismo, vinculado al fenómeno de la globalización, se extiende como un modelo cultural post-cristiano. "Cuando la secularización se transforma en secularismo (*Evangelii nuntiandi,* n. 55), surge una grave crisis cultural y espiritual, uno de cuyos signos es la pérdida del respeto a la persona y la difusión de una especie de nihilismo antropológico que reduce al hombre a sus instintos y tendencias"[2].

Para muchos, la desaparición de las ideologías dominantes ha cedido el puesto a un déficit de esperanza. Los sueños de un futuro mejor para la humanidad, característicos del cientificismo y del movimiento de la Ilustración, del marxismo y de la revolución del '68, han desaparecido, y en su lugar ha aparecido un mundo desencantado y pragmático. El fin de la guerra fría y del peligro de destrucción total del planeta, ha dado paso a otros peligros y a graves amenazas para la humanidad: el terrorismo a escala mundial, los nuevos focos de guerra, la contaminación del planeta y la disminución de las reservas hídricas, los cambios climáticos ocasionados por el comportamiento egoísta de los hombres, las técnicas de intervención sobre los embriones, el reconocimiento legal del aborto y la eutanasia, la clonación . . . Las esperanzas de un futuro mejor han desaparecido para muchos hombres y mujeres, que se repliegan desencantados sobre un presente que con frecuencia se presenta oscuro, ante el temor de un futuro todavía más incierto. La rapidez y la profundidad de las mutaciones culturales que han tenido lugar en los últimos decenios, son como el trasfondo de una gigantesca transformación en numerosas culturas de nuestro tiempo. Este es el contexto cultural en que se plantea a la Iglesia el enorme desafío de la increencia y la indiferencia religiosa: ¿cómo abrir nuevos caminos de diálogo con tantas y tantas personas que, a primera vista, no sienten algún interés por ello y mucho menos la necesidad, aun cuando la sed de Dios no puede extinguirse nunca en el corazón del hombre, donde la dimensión religiosa está profundamente anclada.

La actitud agresiva hacia la Iglesia, sin haber desaparecido completamente, ha dejado lugar, a veces, a la ridiculización y al resentimiento en determinados medios de comunicación y, a menudo, a una actitud difusa de relativismo, de ateísmo práctico y de indiferencia. Es la aparición de lo que yo llamaría—tras el *homo faber*, el *homo sapiens* y el *homo religiosus*—el *homo indifferens*, incluso entre los mismos creyentes, contagiados de secularismo. La búsqueda individual y egoísta de bienestar y la

---

[2]El documento del Consejo Pontificio de la Cultura, *Para una pastoral de la cultura*, ha sido publicado en español por la *Librería Editrice Vaticana*. Al igual que los restantes textos del Magisterio aquí citados, se puede consultar en el sitio Internet del Vaticano: www.vatican.va.

presión de una cultura sin anclaje espiritual, eclipsan el sentido de lo que es realmente bueno para el hombre, y reducen su aspiración a lo trascendente a una vaga búsqueda espiritual, que se satisface con una nueva religiosidad sin referencia a un Dios personal, sin adhesión a un cuerpo de doctrina y sin pertenencia a una comunidad de fe vivificada por la celebración de los misterios.

2. *El drama espiritual que el Concilio Vaticano II considera como "uno de los hechos más graves de nuestro tiempo"* (*Gaudium et spes*, 19), se presenta como el alejamiento silencioso de poblaciones enteras de la práctica religiosa y de toda referencia a la fe. La Iglesia hoy tiene que hacer frente a la indiferencia y la increencia práctica, más que al ateísmo, que retrocede en el mundo. La indiferencia y la increencia se desarrollan en los ambientes culturales impregnados de secularismo. Ya no se trata de la afirmación pública de ateísmo, si exceptuamos algunos Estados—pocos—en el mundo, sino de una presencia difusa, casi omnipresente, en la cultura. Menos visible, es por ello mismo más peligrosa, pues la cultura dominante la extiende de forma sutil en el subconsciente de los creyentes, en todo el mundo Occidental, y también en las grandes metrópolis de África, de América y de Asia: verdadera enfermedad del alma, que lleva a vivir *"como si Dios no existiera"*, neopaganismo que idolatra los bienes materiales, los beneficios de la técnica y los frutos del poder.

Al mismo tiempo, se manifiesta lo que algunos llaman "el retorno de lo sagrado", y que consiste más bien en una nueva religiosidad. No se trata de un retorno a las prácticas religiosas tradicionales, sino más bien de una búsqueda de nuevos modos de vivir y expresar la dimensión religiosa inherente al paganismo. Este "despertar espiritual", va acompañado del rechazo de toda pertenencia, sustituida por un itinerario totalmente individual, autónomo y guiado por la propia subjetividad. Esta religiosidad, más emotiva que doctrinal, se expresa sin referencia a un Dios personal. El *Dios sí, Iglesia no* de los años sesenta, se ha convertido en un *religión sí, Dios no*, o al menos *religiosidad sí, Dios no*, a comienzos del nuevo milenio: ser creyente, sin adherirse al mensaje transmitido por la Iglesia. En el corazón mismo de lo que llamamos indiferencia religiosa, la necesidad de espiritualidad se deja sentir de nuevo. Este resurgir, sin embargo, lejos de coincidir con un regreso a la fe o a la práctica religiosa, constituye un auténtico desafío para el cristianismo.

En realidad, las nuevas formas de increencia y la difusión de esta "nueva religiosidad" están estrechamente unidas. Increencia y mal-creencia con frecuencia van juntas. En sus raíces más profundas, ambas manifiestan a la vez el síntoma y la respuesta—equivocada—a una crisis de valores de la cultura dominante. El deseo de autonomía, incapaz de suprimir la sed de plenitud y de eternidad que Dios ha puesto en el corazón del hombre, busca paliativos en el gigantesco supermercado religioso donde gurús de todo tipo ofrecen al consumidor recetas de felicidad ilusoria. Sin embargo, es posible encontrar en esta sed de espiritualidad un punto de anclaje para el anuncio del Evangelio, mediante lo que hemos denominado "la evangelización del deseo"[3].

En los últimos años se han multiplicado numerosos estudios sociológicos sobre el hecho religioso, elaborados tanto a partir de los datos del censo de población como de sondeos de opinión y encuestas. Las estadísticas que ofrecen son tan interesantes como variadas, basadas unas en la frecuencia de la misa dominical, otras sobre el número de bautismos, otras sobre la preferencia religiosa y otras aún sobre los contenidos de la fe. Los resultados, complejos y variados, no se prestan a una interpretación uniforme, como lo demuestra la gran cantidad de términos empleados para expresar la importante gama de actitudes posibles en relación con la fe: ateo, increyente, no creyente, mal creyente, agnóstico, no practicante, indiferente, sin religión, etc. Además, muchos de los que habitualmente participan en la misa dominical, no se sienten en sintonía con la doctrina y la moral de la Iglesia católica, mientras que en otros, que dicen no pertenecer a religión o confesión alguna, no están completamente ausentes la búsqueda de Dios y la pregunta por la vida eterna, incluso en algunos casos como una cierta forma de oración.

Comprender estos fenómenos, sus causas y consecuencias, para discernir los remedios que se han de aplicar, con la ayuda de la gracia de Dios, es hoy, sin duda, una de las tareas más importantes para la Iglesia. Esta publicación del Consejo Pontificio de la Cultura quisiera aportar su contribución específica, presentando un nuevo estudio sobre la increencia, la indiferencia religiosa y las nuevas formas de religiosidad, que van surgiendo y difundiéndose a gran escala, como alternativas a las religiones tradicionales.

---

[3]Véanse los estudios del Consejo Pontificio para el Diálogo para los No Creyentes, P. Poupard (Ed.), *Fe y ateísmo en el mundo*, BAC, Madrid 1988; *Felicidad y fe cristiana*, Herder, Barcelona, 1992.

3. *Las respuestas a la encuesta que el Consejo Pontificio de la Cultura ha recibido presentan un cuadro complejo*, cambiante y en continua evolución, con características diversificadas. Con todo, es posible extraer algunos datos significativos:

1. **Globalmente hablando, la increencia no aumenta en el mundo.** Este fenómeno se da sobre todo en el mundo occidental. Pero el modelo cultural que éste propone se difunde a través de la globalización en todo el mundo, con un impacto real sobre las diversas culturas, debilitando su sentimiento religioso popular.

2. **El ateísmo militante, en franco retroceso, no ejerce ya un influjo determinante sobre la vida pública,** excepto en los regímenes donde sigue en vigor un régimen ateo. En cambio, especialmente a través de los medios de comunicación, se difunde una cierta hostilidad cultural hacia las religiones, sobre todo el cristianismo y concretamente el catolicismo, compartida por los ambientes francmasones activos en diferentes organizaciones.

3. **El ateísmo y la increencia,** que se presentaban hasta hace poco como **fenómenos más bien masculinos y urbanos, especialmente entre personas de un cierto nivel cultural superior a la media,** han cambiado aspecto. Hoy, el fenómeno parece más bien vinculado a un cierto estilo de vida, en el que la distinción entre hombres y mujeres no es significativa. De hecho, entre las mujeres que trabajan fuera de casa, la increencia aumenta y alcanza niveles prácticamente iguales a los de sus colegas masculinos.

4. **La indiferencia religiosa o ateísmo práctico** está en pleno auge, y el agnosticismo se mantiene. Una parte importante de las sociedades secularizadas vive de hecho sin referencia a los valores y las instancias religiosas. Para el *homo indifferens* "puede que Dios no exista, pero carece de importancia y, en cualquier caso, no sentimos su ausencia". El bienestar y la cultura de la secularización provocan en las conciencias un eclipse de la necesidad y el deseo de todo lo que no es inmediato. Reducen la aspiración del hombre hacia lo trascendente a una simple necesidad subjetiva de espiritualidad y la felicidad, al bienestar material y a la satisfacción de las pulsiones sexuales.

5. **En el conjunto de las sociedades secularizadas aparece una importante disminución del número de personas que asisten regularmente a la iglesia.** Este dato indudablemente preocupante no comporta, sin embargo, un aumento de la increencia como tal, sino una forma degradada de creencia: **creer sin pertenecer.** Es él

fenómeno de la "desconfesionalización" del *homo religiosus,* que rechaza toda forma de pertenencia confesional obligatoria y conjuga en una permanente reelaboración elementos de procedencia heterogénea. Numerosas personas que declaran no pertenecer a ninguna religión o confesión religiosa, se declaran al mismo tiempo religiosas. Mientras continúa el "éxodo silencioso" de numerosos católicos hacia las sectas y los nuevos movimientos religiosos[4], especialmente en América Latina y en África Subsahariana.

6. **Una nueva búsqueda, más espiritual que religiosa,** que no coincide sin más con el regreso a las prácticas religiosas tradicionales, se desarrolla en el mundo occidental, donde la ciencia y la tecnología moderna no han suprimido el sentido religioso ni lo han logrado colmar. Se busca con ello nuevas maneras de vivir y de expresar el deseo de religiosidad ínsito en el corazón del hombre. En la mayor parte de los casos, el despertar espiritual se desarrolla de forma autónoma, sin relación con los contenidos de la fe y la moral transmitidas por la Iglesia.

7. **En definitiva,** al alba del nuevo milenio se va afianzando una desafección, tanto por lo que respecta al ateísmo militante, como a la fe tradicional en las culturas del Occidente secularizado, presa del rechazo, o más simplemente, del abandono de las creencias tradicionales, ya sea en lo que concierne a la práctica religiosa, como en la adhesión a los contenidos doctrinales y morales. El hombre que hemos denominado *homo indifferens,* no deja por ello de ser *homo religiosus* en busca de una nueva religiosidad perpetuamente cambiante. El análisis de este fenómeno descubre una situación caleidoscópica, donde se da donde se da a la vez todo y lo contrario de todo: por una parte, los que creen sin pertenecer y, por otra, los que pertenecen sin por ello creer íntegramente el contenido de la fe y sobre todo los que no tienen intención de asumir la dimensión ética de la fe. Verdaderamente, sólo Dios conoce el fondo de los corazones, donde su gracia trabaja en lo escondido. La Iglesia no cesa de recorrer caminos nuevos para hacer llegar a todos el mensaje de amor del que es depositaria.

---

[4]Es importante distinguir "nuevos movimientos religiosos", término técnico para designar a las religiones llamadas "alternativas" de «nuevos movimientos eclesiales", que designa las nuevas comunidades surgidas en el seno de la Iglesia católica. Además es importante la distinción entre "religioso" y "espiritual": no todo movimiento "espiritual", es decir, vinculado a una experiencia del espíritu puede pretender ser reconocido como una religión.

El presente documento se estructura en dos partes. La primera presenta un análisis sumario de la increencia y la indiferencia religiosa, así como de sus causas, y una exposición de las nuevas formas de religiosidad en estrecha relación con la increencia. La segunda, ofrece una serie de proposiciones concretas para el diálogo con los no creyentes y para evangelizar las culturas de la increencia y de la indiferencia. Con ello, el Consejo Pontificio de la Cultura no pretende ofrecer recetas milagro, pues sabe bien que la fe es siempre una gracia, un encuentro misterioso entre Dios y la libertad del hombre. Desea solamente sugerir algunas vías privilegiadas para la nueva evangelización a la que Juan Pablo II nos llama, nueva en su expresión, sus métodos y su ardor, para salir al encuentro de los no creyentes y los mal-creyentes, y por encima de todo presentarse ante los indiferentes: cómo alcanzarlos en lo más profundo de ellos mismos, más allá del caparazón que los aprisiona. Este itinerario se inscribe en la "nueva etapa de su camino", que el Papa Juan Pablo II invita a toda la Iglesia a recorrer "para asumir con nuevo impulso su misión evangelizadora" "respetando debidamente el camino siempre distinto de cada persona y atendiendo a las diversas culturas en las que ha de llegar el mensaje cristiano" (*Novo millennio ineunte*, nn. 1.51.40).

I. NUEVAS FORMAS DE INCREENCIA Y DE RELIGIOSIDAD

1. UN FENÓMENO CULTURAL

En los países de tradición cristiana, una cultura bastante difundida da a la increencia un aspecto más práctico que teórico, sobre un trasfondo de indiferencia religiosa. Ésta se convierte en un *fenómeno cultural,* en el sentido en que con frecuencia las personas no se vuelven ateas o no creyentes por propia elección, como conclusión de un trabajoso proceso, sino simplemente, porque "così fan tutti", porque es lo que hace todo el mundo. A ello se añaden las carencias de la evangelización, la ignorancia creciente de la tradición religiosa y cultural cristiana, y la falta de propuesta de experiencias espirituales formativas capaces de suscitar el asombro y de llevar a la adhesión. Juan Pablo II así lo afirma: "A menudo se da por descontado el conocimiento del cristianismo, mientras que, en realidad, se lee y se estudia poco la Biblia, no siempre se profundiza la catequesis y se acude poco a los sacramentos. De este modo, en lugar de la fe auténtica se difunde un sentimiento religioso vago y poco comprometedor, que puede convertirse en agnosticismo y ateísmo práctico"[5].

2. CAUSAS ANTIGUAS Y NUEVAS DE LA INCREENCIA

Sería exagerado atribuir la difusión de la increencia y de las nuevas formas de religiosidad a una sola causa, tanto más cuanto que el fenómeno se halla más vinculado a comportamientos de grupo que a decisiones individuales. Algunos han observado que el problema de la increencia es consecuencia de la negligencia más que de malicia; otros, en cambio, están firmemente convencidos de que detrás de este fenómeno se ocultan ciertos movimientos, organizaciones y campañas de opinión concretos, perfectamente orquestados.

En cualquier caso, es necesario, como pidió el Concilio Vaticano II, interrogarse sobre las causas que empujan a tantas personas a alejarse de la fe cristiana: la Iglesia "se esfuerza por descubrir las causas ocultas de la negación de Dios en la mente de los ateos, consciente de la gravedad de las cuestiones que plantea el ateísmo, y, movida por el amor a todos los hombres, considera que éstas deben ser sometidas a un examen serio y más profundo" (*Gaudium et spes*, 21). ¿Por qué tantos hombres no creen en Dios? ¿Por qué se alejan de la Iglesia? ¿Qué parte de sus razones podemos aceptar? ¿Qué proponemos para responder a aquéllas?

Los Padres del Concilio, en la Constitución pastoral *Gaudium et Spes* (nn. 19–21), han identificado algunas causas del ateísmo contemporáneo. A este análisis, siempre actual, se añaden nuevos factores de increencia e indiferencia en este comienzo de nuevo milenio.

2.1. LA PRETENSIÓN TOTALIZANTE DE LA CIENCIA MODERNA

Entre las causas del ateísmo, el Concilio menciona el cientificismo. Esta visión del mundo sin referencia alguna a Dios, cuya existencia se niega en nombre de los principios de la ciencia, se ha extendido ampliamente en la sociedad a través de los medios de comunicación. Ciertas teorías cosmológicas y evolucionistas recientes, abundantemente difundidas por publicaciones y programas de televisión para el gran público, así como el desarrollo de las neurociencias, contribuyen a excluir la existencia un ser personal

---

[5] *Ángelus* del 27 de julio 2003, in *L'Osservatore Romano*, Ed. Semanal en lengua española, n. 31, 1-VIII-2003.

trascendente, considerado como una "hipótesis inútil", pues, se afirma, "no existe lo incognoscible, sino sólo lo desconocido".

Sin embargo, por otra parte, el panorama de las relaciones entre ciencia y fe se ha modificado notablemente. Una cierta desconfianza ante la ciencia, la pérdida de prestigio de ésta y el redimensionamiento de su papel contribuyen a una mayor apertura a la visión religiosa y van acompañados por el regreso de una cierta religiosidad irracional y esotérica. La propuesta de nuevas enseñanzas específicas sobre las relaciones entre ciencia y religión—o en su caso, entre ciencia y teología—contribuyen a poner remedio al cientificismo.

2.2. LA EXALTACIÓN DEL HOMBRE COMO CENTRO DEL UNIVERSO

Aun cuando no lo mencionen explícitamente, los Padres del Concilio tenían en mente los regímenes marxistas-leninistas ateos y su intento de construir una sociedad sin Dios. Hoy día tales regímenes han caído en Europa, pero el modelo antropológico subyacente no ha desaparecido. Más bien observamos que se ha fortalecido con la filosofía heredada de la Ilustración. Observando cuanto acontece en Europa—que puede perfectamente extenderse a todo el mundo occidental—el Papa constata ". . . el *intento de hacer prevalecer una antropología sin Dios y sin Cristo*. Esta forma de pensar ha llevado a considerar al hombre como el centro absoluto de la realidad, haciéndolo ocupar así falsamente el lugar de Dios y olvidando que no es el hombre el que hace a Dios, sino que es Dios quien hace al hombre. El olvido de Dios condujo al abandono del hombre, por lo que, no es extraño que en este contexto se haya abierto un amplísimo campo para el libre desarrollo del nihilismo, en la filosofía; del relativismo en la gnoseología y en la moral; y del pragmatismo y hasta del hedonismo cínico en la configuración de la existencia diaria" (*Ecclesia in Europa*, n. 9).

El elemento más característico de la cultura dominante del Occidente secularizado, es, sin duda, la difusión del subjetivismo, una especie de "profesión de fe" en la subjetividad absoluta del individuo que, presentándose como un humanismo, hace del "yo" la única referencia, egoísta y narcisista, y hace del individuo único centro de todo.

Esta exaltación del individuo tomado como única referencia, y la crisis concomitante de autoridad, hacen que la Iglesia no sea aceptada como autoridad doctrinal y moral. En especial, se rechaza su pretensión de orientar la vida de las personas en función de una doctrina moral, pues se la percibe como negación de la libertad personal. Se trata, por lo demás, de un debilitamiento general que no afecta sólo a la Iglesia, sino también a la Magistratura, el Gobierno, el Legislativo, el Ejército y, en general, las organizaciones jerárquicamente estructuradas.

La exaltación del "yo" conduce a un relativismo que se extiende por doquier: la praxis política del voto en las democracias, por ejemplo, conlleva a menudo la concepción según la cual una opinión individual vale lo mismo que otra, de modo que ya no habría una verdad objetiva, ni valores mejores o peores que otros, ni, mucho menos, valores y verdades universalmente válidos para todo hombre, en razón de su naturaleza, sea cual fuere su cultura.

2.3. EL ESCÁNDALO DEL MAL

El escándalo del mal y el sufrimiento de los inocentes ha sido siempre una de las justificaciones de la increencia y del rechazo de un Dios personal y bueno. Este rechazo procede del no aceptar el sentido de la libertad del hombre, que implica su capacidad para hacer el mal tanto como el bien. El misterio del mal es un escándalo para la inteligencia y sólo la luz de Cristo, crucificado y glorificado puede esclarecer su significado: "En realidad, el misterio del hombre sólo se esclarece en el misterio del Verbo encarnado" (*Gaudium et spes*, n. 22).

Pero si el escándalo del mal no ha dejado de motivar el ateísmo y la increencia personal, éstos se presentan hoy bajo un aspecto nuevo. En efecto, los medios de comunicación social se hacen continuamente eco de esta realidad omnipresente de múltiples formas: guerras, accidentes, catástrofes naturales, conflictos entre personas y Estados, injusticias económicas y sociales. La increencia está más o menos ligada a esta realidad omnipresente y arrolladora del mal. El rechazo o la negación de Dios se alimentan de la continua difusión de este espectáculo inhumano, cotidianamente difundido a escala universal en los medios de comunicación.

2.4. LOS LÍMITES HISTÓRICOS DE LA PRESENCIA DE LOS CRISTIANOS EN EL MUNDO

La mayoría de los no creyentes y de los indiferentes no lo son por motivos ideológicos o políticos. Son con frecuencia ex-cristianos que se sienten decepcionados e insatisfechos y que manifiestan una "des-creencia", una "desafección" respecto a la creencia y sus prácticas, que consideran carentes de significado, inútiles y poco incisivas para la vida. El motivo puede estar a veces vinculado a una experiencia negativa o dolorosa, vivida en ambientes eclesiales, a menudo durante la adolescencia, lo cual condiciona el resto de la vida, transformándose después, con el tiempo, en un rechazo general, que acaba al fin en simple indiferencia. Esta actitud no implica por ello mismo una negativa generalizada, pues puede haber quedado un cierto deseo de volver a la Iglesia y restaurar una relación con Dios. En este sentido, el fenómeno de los "recommençants" (los que comienzan de nuevo), es muy significativo: son cristianos que tras un tiempo de alejamiento de la práctica religiosa, regresan a la Iglesia.

Entre las causas internas a la Iglesia que pueden empujar a algunas personas a alejarse de ella, no se puede ignorar la ausencia aparente de vida espiritual entre sacerdotes y religiosos. Cuando, en ocasiones, alguno de ellos conduce una vida inmoral, muchos se sienten íntimamente turbados. Entre las causas de escándalo hay que enumerar en primer lugar, en razón de su importancia objetiva, los abusos sexuales contra menores, pero también la superficialidad de la vida espiritual y la búsqueda exagerada de bienes materiales, especialmente en regiones donde la mayoría de la población se enfrenta a condiciones de extrema pobreza. Para muchos cristianos, la vivencia de la fe está estrechamente vinculada a los principios morales subyacentes; de ahí que ciertos comportamientos escandalosos por parte de los sacerdotes tengan efectos devastadores y provoquen una profunda crisis en su vida de fe.

Hechos de este tipo, orquestados y amplificados, son luego instrumentalizados por los medios de comunicación para atacar la reputación de todo el clero de un país y confirmar las sospechas exasperadas de la mentalidad dominante.

2.5. NUEVOS FACTORES

La ruptura en la transmisión de la fe

Una de las consecuencias de la secularización es la dificultad creciente de la transmisión de la fe a través de la catequesis, la escuela, la familia y la predicación[6]. Estos canales tradicionales de la transmisión de la fe a duras penas logran desempeñar su papel fundamental.

---

[6]*La transmisión de la fe en el corazón de las culturas* fue el tema de la Asamblea Plenaria del Consejo Pontificio de la Cultura en 2002. Véase el número monográfico de la revista del Consejo, *Culturas y fe*, X (2002).

Hay un verdadero déficit de transmisión de la fe en el interior de las familias tradicionalmente cristianas, sobre todo en las grandes aglomeraciones urbanas. Las razones son múltiples: los ritmos de trabajo, el hecho de que los dos cónyuges, incluida la madre de familia, tengan a menudo cada uno una actividad profesional que les aleja del hogar, la secularización del tejido social, la influencia de la televisión. La transformación de las condiciones de vida, en apartamentos de pequeñas dimensiones, ha reducido el núcleo familiar, y los abuelos, cuyo papel ha sido siempre fundamental en la transmisión de la cultura y de la fe, se ven alejados. A ello se añade el hecho de que en muchos países, los niños pasan poco tiempo en familia, a causa de las obligaciones escolares y de las múltiples actividades extra-escolares, como el deporte, la música y otras asociaciones. Cuando están en casa, el tiempo exagerado transcurrido ante el computador, los videojuegos o la televisión, dejan poco espacio para la comunicación con los padres. En los países de tradición católica, la inestabilidad creciente de la vida familiar, el aumento de las uniones civiles y las parejas de hecho, contribuyen a ampliar este proceso. Los padres, sin embargo, no por ello se convierten en no creyentes. A menudo piden el bautismo para sus hijos y quieren que éstos hagan la primera comunión, pero fuera de estos momentos de "paso religioso", la fe no parece ejercitar influencia alguna en la vida familiar. De ahí la pregunta apremiante: si los padres dejan de tener una fe viva, ¿qué transmitirán a sus hijos en un ambiente indiferente a los valores del Evangelio y casi sordo al anuncio de su mensaje de salvación?

En otras culturas, como en la sociedades africanas y, en parte, latinoamericanas, a través de la influencia del grupo social, junto con el sentimiento religioso se transmiten algunos contenidos de fe, pero a menudo falta la experiencia de la fe vivida, que exige una relación personal y viva con Jesucristo. Los ritos cristianos se realizan, pero con frecuencia se perciben únicamente en su dimensión cultural.

La escuela católica

En diversos países, numerosas escuelas católicas se ven obligadas a cerrar por falta de medios y personal, mientras que la presencia creciente de profesores sin una auténtica formación y motivación cristiana, repercute en un debilitamiento, incluso una desaparición de la transmisión de la fe. Con frecuencia, la enseñanza en estas escuelas no tiene nada de específico en relación con la fe y la moral cristiana. Por otra parte, los fenómenos de inmigración desestabilizan a veces las escuelas católicas, que toman la presencia masiva de no cristianos como pretexto para una enseñanza laica, en lugar de aprovechar esta oportunidad para proponer la fe, como ha sido práctica habitual en la pastoral misionera de la Iglesia.

La globalización de los comportamientos

"La misma civilización moderna, no en sí misma, sino porque está demasiado enredada en las realidades humanas, puede dificultar a veces el acceso a Dios" (*Gaudium et spes*, n. 19). El materialismo occidental orienta los comportamientos hacia la búsqueda del éxito a toda costa, la máxima ganancia, la competencia despiadada y el placer individual. A cambio, deja poco tiempo y energías para la búsqueda de algo más profundo que la satisfacción inmediata de todos los deseos y favorece así el ateísmo práctico. De este modo, en numerosos países, no son ya los prejuicios teóricos los que llevan a la increencia, sino los comportamientos concretos marcados, en la cultura dominante, por un tipo de relaciones sociales donde el interés por la búsqueda del sentido de la existencia y la experiencia de lo trascendente están como enterrados en una sociedad satisfecha de sí misma. Esta situación de atonía religiosa se revela más peligrosa para la fe que el materialismo ideológico de los países marxistas-leninistas ateos. Provoca una profunda transformación cultural que conduce a menudo a la pérdida de la fe, si no va acompañada de una pastoral adecuada.

La indiferencia, el materialismo práctico, el relativismo religioso y moral se ven favorecidos por la globalización de la llamada sociedad opulenta. Los ideales y los modelos de vida propuestos por los medios de comunicación social, la publicidad, los protagonistas de la vida pública, social, política y cultural, son a menudo vectores de un consumismo radicalmente antievangélico. La cultura de la globalización considera al hombre y a la mujer como objetos que se miden únicamente a partir de criterios exclusivamente materiales, económicos y hedonistas.

Este dominio provoca en muchos, como reacción, una fascinación por lo irracional. La necesidad de espiritualidad y de una experiencia espiritual más auténtica, añadida a las dificultades de carácter relacional y psicológico causadas, en la mayoría de los casos, por el ritmo de vida frenético y obsesivo de nuestras sociedades, empujan a muchos que se dicen creyentes a buscar otras experiencias y a orientarse hacia las "religiones alternativas" que proponen una fuerte dosis "afectiva" y "emotiva", y que no implican un compromiso moral y social. De ahí el éxito de las propuestas de religión "a la carta", supermercado de espiritualidades, donde cada uno, de día en día, toma lo que le place.

Los medios de comunicación social[7]

Los *mass media*, ambivalentes por naturaleza, pueden servir tanto al bien como al mal. Desafortunadamente, con frecuencia amplifican la increencia y favorecen la indiferencia, relativizando el hecho religioso, al presentarlo con comentarios que ignoran o deforman su verdadera naturaleza. Incluso donde los cristianos constituyen la mayoría de la población, numerosos medios de comunicación—periódicos, revistas, televisión, documentales y películas—difunden visiones erróneas, parciales o deformadas de la Iglesia. Los cristianos raramente oponen respuestas oportunas y convincentes. Deriva de ahí una percepción negativa de la Iglesia que le quita la credibilidad necesaria para transmitir su mensaje de fe. Añádase a ello el desarrollo, a escala planetaria, de Internet, donde circulan falsas informaciones y contenidos pretendidamente religiosos. Por otra parte, se señala también la actividad, en Internet, de grupos del tipo "Internet infidels", o de sectas satánicas, específicamente anticristianas, que llevan a cabo violentas campañas contra la religión. No se puede silenciar el daño que provoca la abundancia de la oferta pornográfica en la Red: la dignidad del hombre y de la mujer se ven con ello degradadas, lo cual no deja de influir en un alejamiento de la fe vivida. De ahí toda la importancia de una pastoral de los medios de comunicación.

La Nueva Era, los nuevos movimientos religiosos y las elites[8]

"La proliferación de las sectas es también una reacción al secularismo y una consecuencia de los trastornos sociales y culturales que han hecho perder las raíces religiosas tradicionales"[9]. Aun cuando el movimiento "Nueva Era" no constituye en sí mismo una causa de increencia, sin embargo, no es menos cierto que esta

---

[7]Cf. *Para una pastoral de la cultura*, n. 9.

[8]Sobre la "Nueva Era", véase el documento, publicado conjuntamente por el Consejo Pontificio de la Cultura y el Consejo Pontificio para el Diálogo Interreligioso, *Jesucristo, portador del agua de la vida*, Ciudad del Vaticano 2003.

[9]*Para una pastoral de la cultura*, n. 24.

nueva forma de religiosidad contribuye a aumentar la confusión religiosa.

Por otra parte, la oposición y la crítica tenaz a la Iglesia Católica, por parte de ciertas elites, sectas y nuevos movimientos religiosos, especialmente de tipo pentecostal, contribuyen a debilitar la vida de fe. Este es uno de los desafíos más importantes para la Iglesia católica, especialmente en América Latina. Las críticas y las objeciones más graves de estos grupos contra la Iglesia son: su incapacidad para mirar la realidad, la incoherencia entre lo que la Iglesia pretende ser y lo que realmente es, la escasa incidencia de su propuesta de fe en la vida real, incapaz de transformar la vida cotidiana. Estas comunidades sectarias, que se desarrollan en América y África, ejercen una fascinación considerable sobre los jóvenes, arrancándolos de las Iglesias tradicionales, sin lograr satisfacer sus necesidades religiosas de forma estable. Para muchos, estos grupos constituyen de hecho una puerta de salida de la religión tradicional, a la que ya no regresan, salvo en casos excepcionales.

3. LA SECULARIZACIÓN DE LOS CREYENTES

Si la secularización es el legítimo proceso de autonomía de las realidades terrestres, el secularismo es una "una concepción del mundo según la cual este último se explica por sí mismo sin que sea necesario recurrir a Dios; Dios resultaría pues superfluo y hasta un obstáculo" (*Evangelii Nuntiandi*, n. 55). Muchos de los que se dicen católicos o miembros de otra religión, se abandonan a una forma de vida donde Dios y la religión no parecen ejercer influencia alguna. La fe se vacía de su sustancia y ya no se expresa a través de un compromiso personal, mientras se abre paso una incoherencia entre la fe profesada y el testimonio de vida. Las personas no se atreven a afirmar claramente su pertenencia religiosa y la jerarquía es objeto de crítica sistemática. Sin testimonio de vida cristiana, la práctica religiosa se va abandonando lentamente. Ya no se trata, como en otros tiempos, de un simple abandono de la práctica sacramental o de la falta de vitalidad de la fe, sino de algo que toca profundamente las raíces de la fe.

Los discípulos de Cristo viven en el mundo y están marcados—a menudo sin ser conscientes de ello—por la cultura mediática que se desarrolla fuera de toda referencia a Dios. En este contexto, tan refractario a la idea misma de Dios, muchos creyentes, sobre todo en los países más secularizados, se dejan dominar por la mentalidad hedonista, consumista y relativista.

Un observador atento se sorprende de la ausencia de referentes claros y seguros en los discursos de los creadores de opinión pública, que rechazan pronunciar cualquier juicio moral cuando se trata de analizar un acontecimiento social, dado en pasto a los medios de comunicación, abandonado a la apreciación de cada uno y envuelto en un discurso de tolerancia, que corroe las convicciones y adormece las conciencias.

Por lo demás, el laxismo en las costumbres y la ostentación del pansexualismo producen un efecto adormecedor sobre la vida de fe. El fenómeno de la cohabitación y de la convivencia de las parejas antes del matrimonio se ha convertido casi en la norma en no pocos países tradicionalmente católicos, especialmente en Europa, incluso entre aquellos que, a continuación, se casan por la Iglesia. La manera de vivir la sexualidad se torna una cuestión puramente personal y el divorcio, para muchos creyentes, no plantea algún problema de conciencia. El aborto y la eutanasia, estigmatizados por el Concilio como "crímenes abominables" (*Gaudium et spes*, n. 27), son aceptados por la mentalidad mundana. La debilitación de la creencia llega a los dogmas fundamentales de la fe cristiana: la encarnación de Cristo, su unicidad como Salvador, la subsistencia del alma tras la muerte, la resurrección de los cuerpos y la vida eterna. La doctrina de la reencarnación está bastante difundida entre muchos que se dicen cristianos y frecuentan la Iglesia. La reencarnación se acepta más fácilmente que la inmortalidad del alma tras la muerte o que la resurrección de la carne, pues en el fondo propone una nueva vida en el mismo mundo material.

La vida cristiana parece alcanzar así, en algunos países, niveles mediocres, con evidente dificultad para dar razón de la fe. Esta dificultad no viene sólo de la influencia de la cultura secularizada, sino también de un cierto temor a comportarse según la fe, consecuencia de una carencia en la formación cristiana que no ha preparado a los cristianos para actuar confiados en la fuerza del Evangelio y no ha sabido valorar adecuadamente el encuentro personal con Cristo a través de la oración y los sacramentos.

Así, se extiende un cierto ateísmo práctico, incluso entre aquellos que siguen llamándose cristianos.

4. NUEVA RELIGIOSIDAD[10]

Junto con la difusión de la indiferencia religiosa en los países más secularizados, la encuesta sobre la increencia ha revelado un aspecto nuevo entre personas que experimentan una dificultad real para abrirse a lo infinito, ir más allá de lo inmediato y emprender un itinerario de fe, un fenómeno a menudo calificado como el regreso de lo sagrado.

En realidad, se trata más bien de una forma romántica de religión, una especie de religión del espíritu y del "yo", que hunde sus raíces en la crisis del sujeto, se encierra progresivamente en el narcisismo y rechaza todo elemento histórico-objetivo. Se convierte así en una religión fuertemente subjetiva, donde el espíritu puede refugiarse y contemplarse en una búsqueda estética, donde no hay que rendir cuentas a nadie acerca del propio comportamiento.

4.1. UN DIOS SIN ROSTRO

Esta nueva religiosidad se caracteriza por la adhesión a un dios que, a menudo, carece de rostro o de características personales. A la pregunta por Dios, muchos, se llamen creyentes o no, responden que creen en la existencia de una fuerza o de un ser superior, trascendente, pero sin las características de una persona, mucho menos de un padre. La fascinación por las religiones orientales, trasplantadas a Occidente, va acompañada de esta despersonalización de Dios. En los ambientes científicos, el materialismo ateo del pasado deja lugar a una nueva forma de panteísmo, donde el universo es concebido como algo divino: *Deus, sive natura, sive res*.

El desafío es grande para la fe cristiana, que se funda sobre la revelación del Dios tripersonal, a cuya imagen, cada hombre está llamado a vivir en comunión. La fe en un Dios en tres personas es el fundamento de toda la fe cristiana, así como la constitución de una sociedad auténticamente humana. De ahí la necesidad de profundizar en el concepto de persona en todos los campos para llegar a comprender la oración como diálogo entre personas, las relaciones interpersonales en la vida cotidiana y la vida eterna del hombre tras la muerte temporal.

---

[10]Para este apartado, véase el documento antes citado, *Jesucristo, portador del agua de la vida*.

4.2. LA RELIGIÓN DEL "YO"

La nueva religiosidad se caracteriza porque coloca el "yo" en el centro. Si los humanismos ateos de otrora eran la religión de la "humanidad", la religiosidad post-moderna es la religión del "yo", que se funda en el éxito personal y en el logro de las propias iniciativas. Los sociólogos hablan de una "biografía del hágalo-usted-mismo", en la que el yo y sus necesidades constituyen la medida sobre la que se construye una nueva imagen de Dios en las distintas fases de la vida, a partir de diferentes materiales de naturaleza religiosa, utilizados en una especie de "bricolaje de lo sagrado".

Es aquí propiamente donde se halla el abismo que separa esta religión del yo de la fe cristiana, que es la religión del "tú" y del "nosotros", de la relación, que tiene su hontanar en la Trinidad, donde las Personas divinas son relaciones subsistentes. La historia de la salvación es un diálogo de amor de Dios con los hombres, jalonado por las sucesivas alianzas establecidas entre Dios y el hombre, que caracterizan esta experiencia de relación, a la vez personal y personalizadora. La llamada a la interioridad y a colocar en el corazón de la vida los misterios de la cruz y la resurrección de Cristo, signo supremo de una relación que va hasta el extremo don de sí al otro, es una constante de la espiritualidad cristiana.

4.3. QUID EST VERITAS?

Otro rasgo característico de esta nueva religiosidad es la falta de interés por la verdad. La enseñanza de Juan Pablo II en sus encíclicas *Veritatis splendor* y *Fides et ratio*, acogidas con favor incluso por intelectuales no creyentes, no parece haber tenido, aparte alguna honrosa excepción, gran eco en el interior de la Iglesia, comenzando por las universidades católicas. En una cultura marcada por el "pensamiento débil", las convicciones fuertes provocan rechazo: más que creer con el absoluto de la fe, se trataría de creer dejando siempre una zona de incertidumbre, una especie de "salida de emergencia". Sucede así que la pregunta acerca de la verdad del cristianismo o sobre la existencia de Dios es ignorada, considerada irrelevante o sin sentido. La pregunta de Pilatos, respondiendo a la declaración de Cristo, es siempre actual: "¿Qué es la verdad?". Para muchos, la verdad tiene una connotación negativa, asociada a conceptos como "dogmatismo", "intolerancia", "imposición", "inquisición", "poder", a causa, principalmente, de algunos acontecimientos donde la verdad ha sido manipulada para imponer por la fuerza decisiones de conciencia que no tenían que ver con el respeto de la persona y la búsqueda de la verdad.

En realidad, la Verdad en el Cristianismo no es una simple idea abstracta o un juicio éticamente válido, o una demostración científica. Es una persona, cuyo nombre es Jesucristo, Hijo de Dios y de María. Cristo se presentó como la Verdad (Juan 14,6), y ya Tertuliano observa al respecto que Cristo dijo "Yo soy la verdad" y no "Yo soy la tradición". Hablar hoy del Evangelio requiere afrontar el hecho de que la Verdad se manifiesta en la pobreza de la impotencia, de Aquel que por amor, ha aceptado de morir en la cruz. En este sentido, verdad y amor son inseparables: "En nuestro tiempo, la verdad es confundida a menudo con la opinión de la mayoría. Además, muchos están convencidos de que el amor y la verdad son antagonistas. Pero la verdad y el amor necesitan el uno del otro. Sor Teresa Benedicta es testigo de ello. La 'mártir por amor', que dio su vida por los amigos, no se dejó superar en el amor. Al mismo tiempo, buscó la verdad con toda su alma . . . Sor Teresa Benedicta nos dice a todos: ¡No aceptéis nada como verdad que esté privo de amor. Y no aceptéis como amor nada que esté privo de verdad! El uno sin el otro se convierten en una mentira destructora"[11]. Así, "sólo el amor es digno de fe", el amor se vuelve el gran signo de credibilidad del Cristianismo, porque no está separado de la verdad.

4.4. FUERA DE LA HISTORIA

La nueva religiosidad está íntimamente ligada a la cultura contemporánea secularizada, antropocéntrica, y propone una espiritualidad subjetiva que no se funda sobre una revelación ligada a la historia. Lo que importa es hallar el modo y las vías para "sentirse bien". La crítica de la religión, que antaño se dirigía contra las instituciones que la representaban, se basaba sobre todo en la falta de coherencia y de testimonio de algunos de sus miembros. Hoy, es la existencia misma de una mediación *objetiva* entre la divinidad y el sujeto la que se niega. El regreso de la espiritualidad parece orientarse entonces hacia la negación de lo trascendente, con el consiguiente rechazo de un institución religiosa, y hacia el rechazo de la dimensión histórica de la revelación y del carácter personal de la divinidad. Y al mismo tiempo, este rechazo va acompañado por publicaciones de gran difusión y emisiones para el gran pública,

---

[11]Juan Pablo II, *Homilía* en la canonización de Edith Stein, 14-X-1998, in *L'Osservatore Romano*, ed. Sem. en lengua española, nº 42, 16-X-1998.

en un intento de destrucción de la objetividad histórica de la revelación bíblica, de sus personajes y los acontecimientos que en ella se narran.

La Iglesia está arraigada en la historia. El Símbolo de la fe menciona a Poncio Pilatos para señalar el anclaje de la profesión de fe en un momento particular de la historia. Así, la adhesión a la dimensión histórica concreta es fundamental para la fe y su necesidad se siente entre muchos cristianos que desean ver la concordancia entre la verdad del cristianismo y de la revelación bíblica, por una parte, y los datos de la historia, por otra. La Iglesia es sacramento de Cristo, prolongación en la historia de los hombres del misterio de la Encarnación del Verbo de Dios, acontecida hace dos mil años. Bossuet, el "águila de Meaux", lo expresaba así: *"La Iglesia es Jesucristo, pero Jesucristo difundido y comunicado"*.

4.5. NUEVAS FORMAS DISCUTIDAS

Para completar esta rápida descripción, aparecen, como respuesta a la aparición de esta religiosidad multiforme, sin nombre ni rostro, nuevas formas destacadas del panorama religioso en la cultura contemporánea.

- Nacen en la Iglesia nuevos movimientos religiosos con una estructura bien determinada y un sentimiento fuerte de pertenencia y solidaridad. La existencia y la vitalidad de estos movimientos, que corresponden a la nueva búsqueda espiritual, dan testimonio de una religiosidad fuerte, no narcisística y, sobre todo, arraigada en el encuentro personal y eclesial con Cristo, en los sacramentos de la fe, en la oración, la liturgia celebrada y vivida como Mistagogía, en la participación del misterio del Dios vivo, fuente de vida para el hombre.

- Los fundamentalismos, tanto cristianos como islámicos o hindúes, acaparan hoy la actualidad: en una época de incertidumbre, estos movimientos actúan como catalizadores de la necesidad de seguridad, fosilizando la religiosidad en el pasado. La fascinación indiscutible que ejercen en un mundo sometido a constantes mutaciones, responde a necesidades de espiritualidad e identificación cultural. Es justo decir que el fundamentalismo se presenta como el reverso de la nueva religiosidad.

- El intento de elaborar una nueva religión civil, que se manifiesta progresivamente en diferentes países de Europa y en América del Norte, nace de la necesidad de hallar símbolos comunes y una ética fundada sobre el consenso democrático. El despertar de los valores vinculados a la Patria, la búsqueda del consenso ético a través de la creación de Comités *ad hoc*, la simbología de los grandes acontecimientos deportivos en los estadios, con ocasión de los Juegos Olímpicos o los Mundiales de Fútbol, dejan traslucir la necesidad de recuperar los valores trascendentales y de fundar la vida de los hombres a partir de signos visibles compartidos, aceptados en una cultura pluralista.

Integrando estos fenómenos en sus aspectos positivos y negativos, la pastoral de la Iglesia trata de responder a los desafíos que la nueva religiosidad presenta al anuncio de la Buena Nueva de Cristo.

II. PROPOSICIONES CONCRETAS

Un desafío no es un obstáculo. Los desafíos que presentan las culturas de nuestro tiempo y la nueva religiosidad estimulan a los cristianos a profundizar en su fe y a buscar cómo anunciar hoy la Buena noticia del amor de Jesucristo, para llegar a los que viven en la increencia y la indiferencia. La misión de la Iglesia no consiste en impedir la transformación de la cultura, sino más bien asegurar la transmisión de la fe en Cristo, en el corazón mismo de unas culturas en pleno proceso de cambio.

El diálogo con los no creyentes y la pastoral de la increencia tratan de responder al doble mandato de Cristo a la Iglesia: "Id a todo el mundo y proclamad el Evangelio a toda la creación" (Marco 16,15), "Amaestrad a todas las naciones" (Matteo 28,19). Este mandamiento misionero concierne a todos los miembros de la Iglesia, sin excepción. No se puede separar de la vida misma de la Iglesia ni quedar reservado para algunos expertos. Es una misión transversal, que afecta conjuntamente a la catequesis y la enseñanza, la liturgia y la actividad pastoral ordinaria, las familias y las parroquias, los seminarios y las universidades.

Toda iniciativa pastoral acerca de la increencia y la indiferencia religiosa nace de la vida misma de la Iglesia, vida comunitaria impregnada del Evangelio. Sin el impulso de una fe vivida en plenitud, las iniciativas pastorales carecen de valor apostólico.

Invitando a colocar la santidad en el primer punto de toda programación pastoral, el Santo Padre recuerda la importancia de la oración, la eucaristía dominical, el sacramento de la reconciliación, en definitiva, el primado de la gracia y la escucha y el anuncio de la Palabra[12].

En esta presentación sucinta de algunas propuestas pastorales concretas, el diálogo con los que se declaran explícitamente no creyentes va acompañado del anuncio del Evangelio dirigido a todos: bautizados, no creyentes, mal creyentes, indiferentes, etc., es decir, la evangelización de la cultura de la increencia y de la indiferencia religiosa.

1. EL DIÁLOGO CON LOS NO CREYENTES

En realidad, más que de increencia habría que hablar de no creyentes, agnósticos o ateos, cada uno con su propia historia. De ahí que el modo más adecuado de tratar la cuestión sea el diálogo personal, paciente, respetuoso, amistoso, sostenido y animado por la oración, que trata de proponer la verdad de modo equilibrado y en el momento oportuno, sabiendo que la verdad no se impone sino en virtud de su propia fuerza[13], y que eso exige saber esperar el momento favorable, con el deseo de que "Te conozcan a Ti, Padre, y al que Tú has enviado, Jesucristo" (Juan 17,3).

1.1. LA ORACIÓN POR LOS NO CREYENTES

Este diálogo amoroso ha de ir acompañado por la oración de intercesión. En este campo, han ido surgiendo algunas iniciativas importantes en grupos, como el llamado "Incroyance-prière" (increencia y oración). Esta asociación, fundada por el Padre Jean-Baptiste Rinaudo en la diócesis de Montpellier con el apoyo del Consejo Pontificio de la Cultura, cuenta ya más de 3000 miembros en unos cincuenta países del mundo. Sus miembros, convencidos de la potencia de la oración de intercesión, se comprometen, como buenos samaritanos, a rezar todos los días por un no creyente. La fórmula de compromiso para rezar por esta intención, puede servir de modelo a iniciativas semejantes:

Yo . . . me comprometo a rezar cada día, con toda humildad, para que Dios ilumine mediante su Espíritu a un no creyente,

---

[12]Cf. Juan Pablo II, *Novo millennio ineunte*, nn. 30–31.

[13]Cfr. Concilio Vaticano II, Decl. *Dignitatis humanae*, n. 3.

y a mí mismo también, para que pueda descubrir su inmenso amor y amarlo como padre. En . . . a . . . Firmado[14].

Los monasterios, lugares de peregrinación, santuarios y centros de espiritualidad, desempeñan un papel crucial, tanto por la oración como por la ayuda espiritual a través de la escucha y la atención dada a las personas que van en busca de orientación. En algunos monasterios, las "jornadas de puertas abiertas" ha contribuido a acercar a la Iglesia a quienes viven lejos de ella.

1.2. LA CENTRALIDAD DE LA PERSONA HUMANA

Un acercamiento antropológico, centrado en el hombre en su totalidad y sin fragmentaciones instrumentales, ofrece un terreno de diálogo fecundo con los no creyentes. En lugar de resignarse a asistir impotentes a la "apostasía tranquila" de multitudes de nuestros contemporáneos, hay que retomar la iniciativa apostólica, fieles al mandato de Cristo (cf. Matteo 28,19–20), teniendo en cuenta la sed inextinguible, aun cuando a veces inconsciente, de paz, de reconciliación y de perdón, que existe en todo hombre. Nuestra misión es salir al encuentro del hombre, tomarlo de la mano si es necesario, pero sin pretender crear un ideal para nuestro uso y disfrute, para, a continuación, jactarnos de ser los guías de humanidad perfecta que se ajusta a todos los esquemas. Ofreciendo respuestas a preguntas que en realidad nadie ha planteado, nos veríamos como un caudillo sin nadie a quien guiar.

La experiencia del sufrimiento, compañero de viaje ineludible de todo hombre, compartida hasta el extremo por el *varón de dolores*, constituye como un "lugar antropológico" de encuentro. Ante la enfermedad, el sufrimiento y la muerte, el dolor provoca la pérdida del sentido, la *kénosis*, o vaciamiento, y abre un espacio para la búsqueda de una palabra, de un rostro, de un "alguien" que sepa abrir un intersticio de luz en la oscuridad más total. La misión evangélica, exige que crezcamos en la fe a través de experiencias espirituales fuertes y nos empuja a convertirnos, no en cruzados intransigentes, sino en testigos humildes, verdaderos signos de contradicción en el corazón de las culturas en toda la tierra, para llegar a nuestros hermanos, sin forzarlos ni apabullarlos, sino aceptando abajarnos por ellos. La categoría antropológica de la interhumanidad tiene un significado particular para la misión. Evoca el mundo globalizado donde la persona corre el riesgo de reducirse

---

[14]Dirección de *Incroyance et prière*: 11, Impasse Flammarion, F-13 001, Marseille (Francia).

al "hombre de la cumbre antropológica". Y es sin embargo, con este hombre con quienes estamos llamados a entrar en diálogo, porque es este hombre en todas las culturas, el camino de la Iglesia (cf. *Redemptor hominis*, 14).

Este desafío se plantea sin cesar, en especial cuando se piden los sacramentos de la iniciación cristiana en familias no creyentes o indiferentes a la religión. En efecto, a través del encuentro de preparación a los sacramentos con padres que no creen o indiferentes, a veces es posible discernir recursos humanos y religiosos, siempre presentes, pero que se hallan como aprisionados. Como creyentes, no podemos ignorar esta dimensión antropológica: el bautismo que se solicita porque siempre se ha hecho así en la familia—la fe de los padres—y que permite inscribir al niño en la genealogía familiar. El encuentro con estas personas nos permite experimentar que el bautismo representa algo más profundo, incluso respecto a lo que los padres conscientemente piden. Estos, sin duda, sentirían un sentimiento de vació en la historia de su familia, si su hijo no estuviera bautizado. Nos hallamos aquí ante una situación pastoral aparentemente paradójica, que nos pone delante personas no creyentes o indiferentes, pero siempre impregnadas de fuertes raíces religiosas ancestrales: es una situación típica de la cultura de la post-modernidad. Por ello, el contacto humano, amable y sincero, la oración, la actitud de acogida, de escucha, de apertura y respeto, la relación confiada, la amistad, la estima y otras virtudes, son la base sobre la que es posible construir en una relación humana, una pastoral en la que cada uno se siente respetado y acogido porque es, aunque no lo sepa, una criatura amada personalmente por Dios.

1.3. MODALIDADES Y CONTENIDOS DEL DIÁLOGO CON LOS NO CREYENTES

Un diálogo constructivo con los no creyentes, basado en estudios y observaciones pertinentes, puede desarrollarse en torno a algunos temas privilegiados:

- Las grandes cuestiones existenciales: el porqué y el sentido de la vida y de la responsabilidad, la dimensión ética de la vida humana, el porqué y el sentido de la muerte en la cultura y en la sociedad, la experiencia religiosa en sus diferentes expresiones, la libertad interior de la persona humana, la fe.

- Los grandes temas de la vida social: la educación de los jóvenes, la pobreza y la solidaridad, los fundamentos de la convivencia en la sociedades multiculturales, los valores y derechos del hombre, el pluralismo cultural y religioso, la libertad religiosa, el trabajo, el bien común, la belleza, la estética, la ecología, la paz, las nuevas biotecnologías y la bioética.

En algunos casos, el diálogo con los no creyentes se hace más formal, con una dimensión pública, cuando se trata de discusiones y debates con organizaciones explícitamente ateas. Mientras que el diálogo de persona a persona es responsabilidad de todos los bautizados, el diálogo público con los no creyentes exige personas bien preparadas. Con tal fin, el *Secretariado para los no creyentes*, publicó en 1968 un documento titulado *El diálogo con los no creyentes*[15], con indicaciones que todavía siguen siendo útiles. En Francia, los miembros del servicio "Incroyance et foi" (Increencia y fe), de la Conferencia Episcopal, participan en debates, coloquios y mesas redondas organizados por Centros Culturales e instituciones educativas, católicas o laicas. En Italia, la "Cátedra de los no creyentes" de la Diócesis de Milán, instituida para el diálogo entre creyentes y no creyentes, permite un debate sincero entre laicos y católicos, bajo la guía de su pastor[16]. En Lisboa, el Patriarca ha mantenido un diálogo público con intelectuales en forma de intercambio epistolar, usando como tribuna las páginas de un importante diario nacional[17].

En el marco del diálogo con los no creyentes, la teología fundamental, concebida como una apologética renovada, tiene como

---

[15]Secretariado para los No Creyentes, *El diálogo con los no creyentes*, Roma 1968. Cf. también del mismo Secretariado la nota *Studium atheismi et institutionem ad dialogum cum non credentibus habendum*, Romæ 1970.

[16]La Cátedra está organizada de manera original. Consiste en una serie de encuentros que se celebran en la Universidad de Milán (Estatal). La sesión se desarrolla en una atmósfera de respeto y de silencio, desde la presentación misma del tema de la sesión; no se permiten los aplausos, ni se cede la palabra al público asistente. El Cardenal presenta al primero de los conferenciantes que van a intervenir. Tras él, retoma la palabra. Tras un tiempo de silencio y un intermedio musical, ofrecido por el Coro de la Universidad Católica, el Cardenal da la palabra a un segundo conferenciante. Acabada su intervención, el Cardenal invita a los asistentes a poner por escrito sus preguntas y objeciones. La última sesión está consagrada a la respuesta a estas preguntas.

[17]Los diálogos, aparecidos primero en las páginas finales del *Diario de Notícias* lisboeta, a finales del 2003, han dado origen a un libro: J. Policarpo-E. Prado Coelho, *Diálogos sobre a Fé*, Editorial Notícias, Lisboa 2004.

misión dar razón de la fe (1 Pedro 3,15), justificar y explicitar la relación entre la fe y la reflexión filosófica, a través del estudio de la revelación en relación con los interrogantes de la cultura actual. La Teología Fundamental tiene su lugar propio en la *Ratio Studiorum* de los seminarios, facultades de teología y centros de formación de laicos, ya que muestra cómo "a la luz del conocimiento de la fe, aparecen algunas verdades que la razón ya capta en su itinerario autónomo de búsqueda" (*Fides et ratio*, n. 67).

2. EVANGELIZAR LA CULTURA DE LA INCREENCIA Y DE LA INDIFERENCIA

El mandato de Cristo a la Iglesia no se agota en la evangelización de las personas. En efecto, es necesario también evangelizar la conciencia de un pueblo, su *ethos*, su cultura (*Evangelii nuntiandi*, n. 18). Si la cultura es aquello por lo que el hombre se hace más hombre, o sea, el clima espiritual en el que vive y actúa, es evidente que su salud espiritual dependerá en gran medida de la calidad del aire cultural que respire. Si la increencia es un fenómeno cultural, la respuesta de la Iglesia ha de tomar en consideración también las diversas problemáticas de la cultura a través del mundo.

Evangelizar la cultura es dejar que el Evangelio impregne la vida concreta de los hombres y mujeres de una sociedad dada. "Para ello, la pastoral ha de asumir la tarea de imprimir una mentalidad cristiana a la vida ordinaria" (*Ecclesia in Europa*, n. 58). Más que de convencer, la evangelización de la cultura trata de preparar un terreno favorable a la escucha, es una especie de pre-evangelización. Si el problema fundamental es la indiferencia, el primer deber al que la Iglesia no puede renunciar es el de despertar la atención y suscitar el interés de las personas. Al identificar algunos puntos de anclaje para el anuncio del Evangelio, las proposiciones aquí presentadas ofrecen diferentes orientaciones— *nova et vetera*—para una pastoral de la cultura, con el fin de ayudar a la Iglesia a proponer la fe cristiana respondiendo al desafío de la increencia y la indiferencia religiosa al alba del nuevo milenio.

2.1. PRESENCIA DE LA IGLESIA EN LA VIDA PÚBLICA

"Hasta el fin de los tiempos, entre las persecuciones del mundo y los consuelos de Dios, la Iglesia continúa su peregrinación"[18] con

---

[18]S. Agustín, *La Ciudad de Dios*, XVIII, 51,2; en *Obras Completas* XVI–XVII, Trad. Santamarta y Fuertes, BAC, Madrid 1988.

la confianza y la certeza de saberse sostenida e iluminada por el Señor. Su presencia visible y su acción tangible como sacramento universal de salvación en el seno de la sociedad pluralista, son hoy más necesarios que nunca para permitir a todos los pueblos del mundo entrar en contacto con el mensaje de la Verdad revelada en Jesucristo. La Iglesia lo hace a través de una presencia diversificada en los lugares de encuentro, en los grandes debates de la sociedad, para suscitar la curiosidad de un mundo a menudo indiferente y presentar la persona de Cristo y su mensaje de modo que atraiga la atención y suscite la acogida por parte de la cultura dominante.

El testimonio público ofrecido por los jóvenes que participan en las Jornadas Mundiales de la Juventud (JMJ) es un acontecimiento sorprendente, y atrae la atención hasta el punto de interpelar a jóvenes carentes de referencias o motivaciones religiosas. El compromiso de los diversos movimientos eclesiales que implican a los jóvenes es fundamental. Las JMJ ayudan a cambiar una falsa imagen de Iglesia considerada como institución opresora, vieja y decadente.

Las nuevas misiones ciudadanas, llevan de nuevo a la Iglesia en la plaza pública. Así se ha llevado a cabo en Europa, sucesivamente en cuatro ciudades: Viena, París, Lisboa y Bruselas. Las maravillas apostólicas suscitadas desde hace diez años por la peregrinación de las reliquias de santa Teresa del Niño Jesús en todo el mundo, son verdaderamente sorprendentes[19]. Ante la mirada sorprendida de pastores desazonados, esta peregrinación atrae multitudes que se cuentan por decenas de millones, muchos de los cuales viven habitualmente lejos de la Iglesia e incluso la ignoran.

Los movimientos y asociaciones cristianos activos en la vida pública, en los medios de comunicación social y ante los gobiernos, contribuyen a crear un cultura diferente de la cultura dominante, no sólo en el nivel intelectual, sino sobre todo en la vida práctica. Vivir en plenitud el misterio de Cristo y proponer maneras de vivir inspiradas en el Evangelio, según el espíritu de la *Carta a Diogneto*[20], constituye la forma de testimonio propia del cristiano en medio del mundo.

---

[19]Mons. Guy Gaucher, obispo auxiliar de Lisieux, ha narrado esta peregrinación en su libro *"Je voudrais parcourir la terre"*. *Thérèse de Lisieux thaumaturge, docteur et missionaire,* Cerf, Paris 2003.

[20]*A Diogneto,* en *Padres Apostólicos,* ed. D. Ruiz Bueno, BAC, Madrid 1967.

La colaboración de los cristianos con organizaciones de no creyentes con vistas a realizar acciones que en sí mismas son buenas o al menos indiferentes, permite compartir momentos de diálogo. Según las directivas pastorales de Juan XXIII en la encíclica *Pacem in terris,* "si los católicos, por motivos puramente externos, establecen relaciones con quienes o no creen en Cristo o creen en Él de forma equivocada, porque viven en el error, pueden ofrecerles una ocasión o un estímulo para alcanzar la verdad" (n. 158). Es así como algunos cristianos colaboran con la "Liga agnóstica a favor de la vida", en defensa de la vida.

La promoción de manifestaciones públicas sobre los grandes temas de la cultura. Estos encuentros favorecen los contactos y el diálogo personal con los que trabajan en los grandes campos de la cultura y constituyen un modo significativo de presencia pública de la Iglesia.

Los coloquios organizados por el Consejo Pontificio de la Cultura con el *Ente dello Spettacolo,* en Roma, sobre el cine espiritual, y el congreso celebrado en colaboración con la Iglesia Luterana Noruega en Oslo, sobre *La Iglesia y el cine,* son ejemplos de encuentros donde se pone en evidencia la capacidad del lenguaje cinematográfico para transmitir, gracias a la fuerza de las imágenes, valores espirituales que pueden fecundar las culturas. Una iniciativa parecida del Consejo Pontificio de la Cultura sobre el teatro religioso, se revela prometedora. Tales acontecimientos permiten asegurar una presencia cristiana en el mundo de la cultura, valoran las potencialidades del arte y crean espacios de diálogo y reflexión.

Cada año, el Santo Padre concede el *Premio de las Academias Pontificias,* como conclusión de un concurso preparado por el Consejo Pontificio de la Cultura, con el fin de animar a jóvenes estudiosos o artistas cuyas investigaciones y trabajos contribuyen notablemente a promover el humanismo cristiano y sus expresiones artísticas. *Las Semanas de los intelectuales católicos* y las *Semanas Sociales,* ofrecen una dimensión pública al encuentro entre la fe y la cultura y manifiestan el compromiso de los católicos en los grandes problemas de la sociedad.

Los medios de comunicación social desempeñan en la cultura actual un papel fundamental. La imagen, la palabra, los gestos, la presencia son elementos que no se pueden descuidar en un proceso de evangelización que se inserta en la cultura de las comunidades y de los pueblos, aun cuando se haya de estar atento a no privilegiar la imagen en detrimento de la realidad y del contenido objetivo de la fe. Los enormes cambios que los medios de comunicación social operan en la vida de las personas, reclaman un compromiso pastoral adaptado: "Muchos laicos jóvenes se orientan hacia los medios. Corresponde a la pastoral de la cultura prepararlos para estar activamente presentes en el mundo de la radio, la televisión, del libro y de las revistas, ya que estos vectores de información constituyen la referencia diaria de la mayoría de nuestros contemporáneos. A través de medios abiertos y moralmente convenientes, cristianos bien preparados pueden jugar un papel misionero de primer plano. Es importante que sean formados y apoyados" (*Para una pastoral de la cultura*, 34). La presencia profesional de católicos calificados que se identifican claramente como tales en los medios de comunicación social, las agencias de prensa, los periódicos, revistas, sitios Internet, agencias de radio y televisión, es esencial para difundir noticias e informaciones veraces sobre la Iglesia, y ayuda a comprender la particularidad del misterio de la Iglesia, evitando centrarse sobre los aspectos marginales o insólitos, o los prejuicios ideológicos. Premios como el *Premio católico del cine*, o el *Premio Robert Bresson* del Festival de Venecia; bolsas de estudio, las *Semanas Cristianas del Cine* y la creación de redes y asociaciones profesionales católicas, animan y manifiestan a la vez el necesario compromiso en este campo tan importante, sin caer en el peligro de crear un *ghetto* católico.

No basta hablar para ser comprendido. *Se nos exige un gran esfuerzo para utilizar el lenguaje de los hombres de hoy,* compartir sus esperanzas y responder sinceramente, con un estilo accesible. Así, por ejemplo, el Arzobispado de Danzig, en Polonia, ha presentado una *Carta de los Derechos del Hombre* que ha tenido un gran impacto sobre el público, siguiendo el espíritu del Concilio en su Constitución pastoral *Gaudium et spes*: "El gozo y la esperanza, la tristeza y la angustia de los hombres de nuestro tiempo, sobre todo de los pobres y de todos los afligidos, son también gozo y esperanza, tristeza y angustia de los discípulos de Cristo y no hay nada verdaderamente humano que no tenga resonancia en su corazón. Pues la comunidad que ellos forman está compuesta por hombres que, reunidos en Cristo, son guiados por el Espíritu Santo en su peregrinar hacia el Reino del Padre y han recibido el mensaje de la salvación para proponérselo a todos. Por ello, se siente verdadera e íntimamente solidaria del género humano y de su historia" (*Gaudium et spes*, n. 1).

En definitiva, asegurar la *presencia* de la Iglesia en la vida pública, en diálogo con los no creyentes, permite crear un puente entre su mensaje evangélico y la vida cotidiana, lo que no deja de plantear interrogantes y, a menudo, de revelar al Invisible en medio de lo visible. Se trata de suscitar verdaderas preguntas antes de proponer respuestas convincentes. En efecto, si estas no responden a verdaderas preguntas y, por tanto, a una búsqueda personal, no despiertan la atención y no se acogen como pertinentes. Saliendo del templo para ir a la plaza, los cristianos dan testimonio público, sin publicidad, del gozo de creer y de la importancia de la fe para la vida. El diálogo y el testimonio pueden suscitar el deseo de entrar en el misterio de la fe. Es el itinerario de Jesús en el Evangelio: "Venid y veréis" (Juan 1,36).

2.2. LA FAMILIA

Si para algunos la increencia es un dato teórico, en realidad, para muchos padres se convierte en algo concreto cuando constatan con dolor que sus hijos abandonan la fe o viven como si no creyeran. Por ello, es importantísimo ayudar a los padres a transmitir a los hijos, junto con el patrimonio cultural, la herencia de la fe y la experiencia de Dios que son fuentes de libertad y de gozo. La ayuda ofrecida a la pareja durante el noviazgo y después del matrimonio es más necesaria que nunca para afrontar estas situaciones. La experiencia de los *Equipes de Notre Dame* es significativa: hogares cristianos que se ayudan mutuamente a crecer en su vida de fe compartiendo los gozos y las alegrías cotidianas, profundizando en la fe. Allí donde el Evangelio ha quedado inscrito en los corazones de los hijos gracias a los maestros y a la familia, es más fácil superar las crisis de la adolescencia. La familia, primera escuela de evangelización, es el lugar de la transmisión de una fe viva, encarnada en la vida cotidiana a través de diversos gestos: la celebración de las fiestas religiosas, la oración en familia por la noche, la bendición de la mesa, el rezo del rosario, las visitas al Santísimo y a las iglesias, el tiempo para la *lectio divina* o la liturgia de las horas. Los padres son los primeros evangelizadores de sus hijos en la familia, donde los gozos y los sufrimientos son ocasiones para hacer crecer las virtudes cristianas. Acompañándolos a las actividades de los movimientos eclesiales, les ayudan a arraigarse en la fe para prepararlos a recibir los sacramentos y a formarse una conciencia cristiana. Viven así de modo más pleno la vida familiar y eclesial. Las "catequesis familiares" constituyen un ejemplo de ello: a los padres, especialmente a los papás, se les pide que ejerzan su responsabilidad en el anuncio del Evangelio.

La familia aparece así como un lugar de cultura de la vida y para la vida, donde unos aprenden de otros los valores fundamentales de la convivencia, apreciando la diversidad y la riqueza de cada uno. Para introducir en las familias cristianas "los criterios de juicio, los valores determinantes, los puntos de interés, las líneas de pensamiento, las fuentes inspiradoras y los modelos de vida de la humanidad" (*Evangelii nuntiandi*, n. 19), es decir, una cultura inspirada por la fe, es importante consagrar más tiempo a la vida de familia. Así puede nacer una nueva manera de ver y de vivir, de comprender de actuar y preparar el futuro y ser, allí donde sea necesario, promotores de una nueva cultura. Además, en una cultura de la imagen, es importante que los padres eduquen a los hijos a ver la televisión, discutiendo juntos sobre los programas, viéndolos con ellos y mostrándose disponibles a contestar a sus preguntas. Si no, se corre el riesgo de que la televisión ocupe el tiempo necesario para las relaciones interpersonales, tan importantes para la transmisión de la fe.

2.3. LA INSTRUCCIÓN RELIGIOSA Y LA INICIACIÓN CRISTIANA

La ignorancia, ya sea religiosa o cultural, es una de las causas principales de la increencia, de la mal-creencia y de la indiferencia religiosa. Para hacer frente a la ignorancia, es necesario replantearse las diferentes formas de educación y de formación actuales, especialmente en el nivel elemental. El papel de los profesores y los maestros, que tienen que ser además testigos, es esencial. Siempre es buen momento para enseñar, como lo muestran los Evangelios, que presentan a Jesús dedicado a hacerlo durante la mayor parte de su vida pública.

En este campo, es importante definir mejor la especificidad cristiana frente a la Nueva Era[21], a las sectas y a los nuevos movimientos religiosos[22], tanto en el nivel de la investigación teológica como en el de la formación de los catequistas. La superstición y la fascinación por la magia son a menudo resultado de una formación insuficiente. La ignorancia de los contenidos esenciales de la fe favorece el crecimiento de las sectas y la multiplicación de los falsos profetas. Es importante hacer percibir la diferencia

---

[21]Cf. *Jesucristo portador del agua de la vida*. Cit.

[22]Cf. el sitio del Observatorio sobre las sectas: www.cesnur.org.

entre vida eterna y mundo de los espíritus; entre contemplación cristiana y meditación trascendental; entre milagro y sanación; entre ciclo litúrgico y relación con la naturaleza.

Iniciación cristiana, catequesis y catecumenado

En todas partes se aprecia la necesidad de dar mayor importancia a la iniciación cristiana, junto con la preocupación por una catequesis sacramental intensa y prolongada, condición *sine qua non* del crecimiento en el hombre de la vida divina y de su amor hacia la Iglesia. Muchos subrayan la necesidad de introducir o de reintroducir la catequesis para adultos, no sólo para colmar las lagunas de conocimientos, sino sobre todo para favorecer la experiencia personal y eclesial de la fe. El catecumenado se propone bajo diversas formas, entre las cuales, los nuevos movimientos eclesiales se revelan un apoyo a la formación y al crecimiento de la fe, de modo que en diversos países, el número de catecúmenos no deja de aumentar y prepara una nueva generación de creyentes que redescubren juntos el gozo de creer en Cristo compartiendo la fe de la Iglesia, un fervor y un entusiasmo contagiosos y una esperanza viva.

La lectura y el estudio de la Biblia en las parroquias se ve facilitada por programas adecuados. Al mismo tiempo, hay que ofrecer diversas posibilidades para responder al derecho de cada bautizado de recibir una verdadera formación doctrinal, derecho que va unido al deber de seguir profundizando los contenidos de la fe y de transmitirlos a las generaciones futuras[23]. En este campo, es útil orientar tales actividades hacia grupos específicos: niños, universitarios, graduados, adultos y ancianos, personas comprometidas con responsabilidades en la comunidad. Las iniciativas emprendidas en los distintos niveles de formación—bíblica, moral, doctrina social de la Iglesia—permiten a los participantes discernir, a la luz del Evangelio, los acontecimientos de los ambientes donde viven.

Instituciones de educación

La Iglesia dispone de una imponente red de centros de enseñanza, desde la escuela elemental a la Universidad. A diario, las escuelas y centros de enseñanza católicos congregan a millones de jóvenes. Este hecho constituye una excelente oportunidad, a condición de

---

[23]*Código de Derecho Canónico,* can. 229, 748 y 226,§ 2.

que se la aproveche para proponer una formación auténticamente cristiana, donde la fe se convierte en el elemento unificador de todas las actividades del Instituto. En numerosos países, la enseñanza de la religión católica en las escuelas públicas está garantizada, con cotas que alcanzan a veces hasta el 90 por ciento del total de alumnos, como es el caso de Italia. El contacto con los jóvenes en las escuelas desempeña un papel fundamental en la pastoral de la cultura.

Allí donde no es posible ofrecer la enseñanza de la religión, es importante mantener una dimensión religiosa en la escuela. En algunos estados de los Estados Unidos, los padres y los profesores cristianos, católicos y evangélicos, se han movilizado activamente para introducir la oración en las escuelas públicas, no desde arriba, con una decisión del Gobierno, sino a partir de iniciativas de base, con campañas de recogida de firmas u otras similares. Del mismo modo, han obtenido que se incluya en los programas de historia la importancia y el papel fundamental de la religión en la cultura.

La presencia de la Iglesia en las Universidades[24], tanto en el campo de la enseñanza como en el de la pastoral, es vital. Aun cuando no esté presente a través de una Facultad de Teología, la Iglesia asegura su presencia a través de una pastoral universitaria, que se distingue de la simple pastoral juvenil. La pastoral universitaria apunta principalmente a la evangelización de la inteligencia, la creación de nuevas síntesis entre la fe y la cultura y se dirige prioritariamente a los profesores y docentes, para disponer de católicos bien formados.

En los seminarios y facultades de teología, la filosofía y la teología fundamental tienen una importancia particular como disciplinas de diálogo con la cultura moderna. Crece la necesidad de diseñar nuevos cursos y programas en el diálogo entre la ciencia y la fe. Así, por ejemplo, el Proyecto STOQ[25]—Ciencia, Teología y búsqueda Ontológica—nacido en Roma, agrupa diversas universidades pontificias bajo el patronato del Consejo Pontificio de la Cultura, con el fin de formar personas competentes en el

---

[24]Cf. Congregación para la Educación Católica-Consejo Pontificio para los Laicos–Consejo Pontificio de la Cultura, *Presencia de la Iglesia en la Universidad y en la Cultura Universitaria*, Ciudad del Vaticano 1994.

[25]*Science, Theology and the Ontological Quest*. La página Internet: www.stoqnet.org. Véase también el portal www.disf.org.

campo de la ciencia y en el de la teología. Este proyecto interdisciplinar está ya sirviendo de modelo a otros centros universitarios en todo el mundo.

Otras iniciativas concretas merecen todo el apoyo: la creación de una Academia para la Vida, centros como bibliotecas, videotecas, librerías, el fomento de la prensa y las publicaciones cristianas de amplia difusión.

Los servicios especializados en el diálogo con los no creyentes y con la cultura de la increencia tienen también gran importancia, en unión con las Comisiones para la cultura y para la increencia de las Conferencias Episcopales. En las Facultades de teología se pueden crear departamentos u observatorios sobre la increencia, como los que ya existen en Zagreb, Split y en la Pontificia Universidad Urbaniana de Roma. También la constitución de grupos reducidos de estudio, que se reúnen informalmente, permite continuar esta reflexión. Allí donde no exista una cátedra para el estudio del ateísmo, la reflexión sobre las nuevas formas de increencia puede ser de gran ayuda para la misión de la Iglesia.

2.4. LA VÍA DE LA BELLEZA Y EL PATRIMONIO CULTURAL

La *belleza* es una vía privilegiada para acercar a los hombres a Dios y saciar su sed espiritual. La belleza "como la verdad, es quien pone la alegría en el corazón de los hombres, es el fruto precioso que resiste a la usura del tiempo, que une las generaciones y las hace comulgar en la admiración"[26] La belleza, con su lenguaje simbólico, es capaz de hacer que hombres y mujeres de culturas diferentes se encuentren en valores comunes, que, radicándolos en su propia identidad antropológica y en la experiencia original de su humanidad, permiten al hombre mantener el corazón abierto a la fascinación del misterio y el absoluto[27]. En este contexto, la Iglesia se abre a una nueva epifanía de la belleza, es decir, introduce en una nueva *via pulchritudinis* que amplía el concepto de belleza de la filosofía griega. Las Escrituras revelan al Mesías, "el más bello de los hijos de los hombres", que se ha abajado por nosotros y se presenta como el "varón de dolores" (cf. Isaías 53,3). En una cultura de la globalización, donde el *hacer*, el *obrar* y el *trabajar* ocupan un lugar fundamental, la Iglesia es llamada a fomentar el *ser*, el *alabar* y el *contemplar* para desvelar la dimensión de lo bello.

---

[26]Concilio Vaticano II, Mensaje a los artistas; Cf. Juan Pablo II, *Carta a los artistas*, n. 3, Ciudad del Vaticano 1999; *Para una pastoral de la cultura*, n. 36.

[27]Cf. Juan Pablo II, *Novo millennio ineunte*, nn. 15 y 31.

Un itinerario semejante requiere una pastoral específica para los artistas y sus ambientes, lo mismo que una adecuada valoración del patrimonio cultural.

Ya el Concilio Vaticano II reconoció la importancia del diálogo con los artistas y el valor de la presencia constante y benéfica de sus obras en la Iglesia, como camino que permite al hombre elevarse hacia Dios. Es oportuno abrir o continuar el diálogo con las instituciones y con las sociedades artísticas para crear relaciones recíprocas que permitan enriquecer tanto a la Iglesia como a los mismos artistas. En efecto, numerosos artistas han hallado en la Iglesia un lugar de creatividad personal, donde la acogida se acompaña con propuestas, confrontación y discernimiento. Esta pastoral requiere laicos y clérigos que hayan recibido una buena formación cultural y artística, para entablar un diálogo con "todos aquellos que, con amor apasionado buscan nuevas 'epifanías' de la belleza para donarla al mundo en la creación artística"[28].

Las *Semanas culturales, Festivales de arte, Exposiciones de arte, Premios de arte sacro, Bienales artísticas,* organizados también en colaboración con las autoridades civiles, en diferentes regiones del mundo, ayudan a un acercamiento pastoral a la vía de la belleza como camino privilegiado de inculturación de la fe. Estas actividades, junto con otras iniciativas, que favorezcan las experiencia artística, donde la persona de Cristo y los misterios de la fe, siguen siendo una fuente privilegiada de inspiración para los artistas.

En el campo de la literatura, encuentros como los organizados por el Consejo Pontificio de la Cultura con poetas, escritores y críticos, tanto católicos como laicos, así como la creación de círculos literarios, permiten intercambios muy prometedores.

Por otra parte, el patrimonio cultural de la Iglesia sigue siendo un medio de evangelización. Los monumentos de inspiración cristiana edificados a lo largo de siglos de fe son auténticos testigos de una cultura modelada por el Evangelio de Cristo y guías siempre actuales para una buena formación cristiana. En numerosos lugares, la restauración de templos y, especialmente, de las fachadas, a veces por iniciativa de la administración pública, se convierten en una invitación a responder a la invitación de Jesús: "Brille, pues, vuestra luz delante de los hombres, para que vean vuestras buenas obras" (Matteo 5,6).

---

[28]Dedicatoria de Juan Pablo II en la apertura de su *Carta a los artistas.*

La organización y la promoción de conciertos de música sacra, de coreografías de inspiración religiosa o de exposiciones de arte sacro, ayudan a personas que hacen así de la experiencia de la belleza un elemento de crecimiento de su fe en el encuentro personal con el Salvador, contemplado a través de una obra de arte. Grandes exposiciones, como en Londres, *Behold the Savior: Discovery of the Transcendent through the Face of Christ;* en diferentes ciudades de España, *Las Edades del Hombre,* y en Roma, *El Dios Escondido,* han atraído grandes cantidades de público, y constituyen un ejemplo de la capacidad que tiene el arte de llegar al corazón insatisfecho del hombre moderno. En efecto, son muchos los que se dan cuenta de la incapacidad de la cultura racional y técnica para responder a la necesidad profunda de sentido que reside en todo hombre y experimentan una impotencia real para captar la realidad compleja y misteriosa del mundo y la persona humana, mientras afirman su libertad y se afanan en una búsqueda de felicidad a menudo ficticia.

En algunos países aparece la necesidad creciente de una enseñanza religiosa en la Universidad para los estudiantes de disciplinas artísticas y ciencias humanas. Estos, en efecto, con frecuencia carecen de conocimientos elementales sobre el cristianismo y son incapaces de comprender su propio patrimonio histórico y artístico. Estos cursos sobre el cristianismo destinados a estudiantes de arte e historia ofrecen la oportunidad de ponerles en contacto con la Buena noticia de Cristo a través del patrimonio cultural.

La vía de la belleza aparece especialmente importante en la liturgia. Cuando la dimensión de lo sagrado, según las normas litúrgicas, se manifiesta a través de las representaciones artísticas, el misterio celebrado logra despertar a los indiferentes e interpelar los no creyentes. La *via pulchritudinis* se convierte así en el camino del gozo que se manifiesta en las fiestas religiosas celebradas como encuentros de fe.

2.5. UN NUEVO LENGUAJE PARA COMUNICAR EL EVANGELIO: RAZÓN Y SENTIMIENTO

El Cardenal Newman, en su *Gramática del asentimiento*[29] subraya la importancia del doble canal de la evangelización, el corazón

---

[29]J. H. Newman, *An Essay in Aid of a Grammar of Assent*, I. Ker (Ed.), Oxford University Press, 1985.

y la cabeza, es decir, el sentimiento y la razón. Hoy día, la dimensión emocional de la persona adquiere importancia creciente y numerosos cristianos llegan por este medio al gozo de la fe. En un cultura de irracionalismo dominante, experimentan la necesidad de profundizar sus razones para creer mediante una formación apropiada, donde la Iglesia se hace "samaritana" de la razón herida.

El primer problema es el del lenguaje. ¿Cómo comunicar la Buena noticia de Cristo, único Salvador del mundo? La cultura de la indiferencia y del relativismo, nacida en un Occidente secularizado no facilita una comunicación fundada sobre un discurso objetivo. En este caso, el diálogo, lo mismo que la comunicación, se ve seriamente comprometido. Si las personas que viven en este cultura tienen dificultades para descubrir la *res significata*, es decir, Cristo mismo, es necesario repensar la *res significans*, es decir, todo aquello que conduce a El y a los misterios de la fe, en función de su cultura, para una evangelización renovada.

Estar junto a los jóvenes, tratar de comprender sus maneras de vivir y su cultura, es el primer acercamiento para ayudar a encontrar un lenguaje capaz de transmitirles la experiencia de Dios. Algunas cadenas de televisión, como MTV[30], basan su éxito entre los jóvenes en una mezcla de simpatía y rabia, sarcasmo y tolerancia, sentido de responsabilidad y egoísmo. Adoptando en alguna medida este lenguaje y, por supuesto, purificándolo, el diálogo de la Iglesia con los jóvenes se vería facilitado y la relación directa establecida con las personas permitiría transformar desde el interior los aspectos negativos de su cultura y reforzar lo que tiene de positivo. Los medios de comunicación social son aptos para comunicar una experiencia positiva de conversión y de fe, vividas por personas reales con las que es posible identificarse.

Por lo demás, la Iglesia puede explotar su tradición multisecular para llegar a las personas mediante el atractivo de la música, ya sea litúrgica o popular. En efecto, la música tiene una gran capacidad de apertura a la dimensión religiosa y en algunos casos, como el canto gregoriano, ejerce una fascinación incluso en ambientes no eclesiales.

La cultura de la relación significativa es indispensable para que el testimonio cristiano pueda implicar al otro en un itinerario

---

[30]Music Television (MTV) es una cadena de televisión internacional de música pop, el equivalente, desde el punto de vista de la cultura juvenil, de la CNN con sus noticieros de actualidad 24 horas al día.

de fe. El primado de la persona y de las relaciones personales es esencial en la obra de evangelización. El contacto misionero auténtico se opera a través del diálogo y tejiendo relaciones entre personas. Esta apertura no puede hacerse si no es permaneciendo junto a las personas que tienen dificultades para establecer relaciones positivas en la pareja, la familia o en la comunidad cristiana misma, procurando que haya un acompañamiento a los niños, en los centros parroquiales, adolescentes, novios, con educadores buenos y competentes. Las personas ancianas tienen también necesidad de una pastoral que responda a sus necesidades, lo que requiere de la comunidad cristiana un esfuerzo para que las personas se sientan escuchadas, comprendidas amadas y no consideradas como un simple miembro de una institución. Aun en el "supermercado" de la religión y de la cultura, donde predominan el sentimiento, la estética y la emoción, es posible ofrecer a quienes van en busca una respuesta segura y exhaustiva, fundada sobre la verdad, la belleza y la bondad de la fe en Jesucristo, que con su vida, su muerte y resurrección da respuesta a todos los interrogantes fundamentales del hombre sobre el gran misterio de su vida.

La *Nueva Era* y las sectas atraen a muchos actuando precisamente sobre la emotividad. Para responder a este desafío, y siguiendo la invitación del beato Juan XXIII de "emplear la medicina de la misericordia y no empuñar las armas de la severidad"[31], se trata de salir al encuentro de todas las personas que buscan la Verdad con sinceridad y de cuidar de quienes atraviesan momentos de fragilidad e inquietud, que son presas fáciles para las sectas. A estas personas en dificultad estamos llamados a presentar el misterio de la Cruz: en ella, sin caer en la trampa del absurdo o del sentimentalismo, podemos compartir los sufrimientos de las personas heridas y ayudarlas a encontrar allí la posibilidad de dar un sentido a su vida de sufrimiento.

Las relaciones personales dentro de la Iglesia, sobre todo en las parroquias más extensas, son de gran importancia. Las pequeñas comunidades, vinculadas a movimientos eclesiales, que tienen en cuenta las particularidades antropológicas, culturales y sociales de las personas, permiten renovar y profundizar la vida de comunión. El gozo de pertenecer a la familia de Dios es el signo visible del mensaje de la salvación y la Iglesia, familia de familias, aparece

---

[31]Juan XXIII, *Discurso en la apertura del Concilio*, 11 octubre 1962, en *Concilio Ecuménico Vaticano II*, BAC, Madrid 2000, p. 1095.

entonces como el verdadero "lugar" del encuentro entre Dios y los hombres.

La actitud misionera hacia los que están lejos de la Iglesia y que consideramos como no creyentes o indiferentes es siempre la del Buen pastor que va a buscar la oveja perdida para reconducirla al redil. Es también fundamental acoger con cuidado a aquellos, cada vez más numerosos, que sólo acuden a la iglesia ocasionalmente[32]. Entrar en diálogo con estas personas es muchas veces más fácil de lo que se piensa. A veces, basta un poco de iniciativa para dirigirles una invitación calurosa y personalizada, o para entablar relaciones humanas de amistad profunda, para suscitar la confianza y una mejor comprensión de la Iglesia[33].

Inculturar la fe y evangelizar las culturas a través de las relaciones interpersonales permite a todos y cada uno percibir la Iglesia como su propia casa y sentirse en ella a gusto. El anuncio del Evangelio que llevaron a Asia misioneros venidos de Occidente, como Matteo Ricci o De Nobili, fue fecundo en la medida en que los pueblos asiáticos percibieron su inserción en las culturas locales, cuyas lenguas y costumbres aprendieron, respetándolas y tratando de enriquecerse en un intercambio recíproco. Evangelizar las culturas exige entrar en ellas con amor e inteligencia para comprenderlas en profundidad y hacerse allí presente con verdadera caridad.

2.6. LOS CENTROS CULTURALES CATÓLICOS[34]

"*Los centros culturales católicos* ofrecen a la Iglesia singulares posibilidades de presencia y acción en el campo de los cambios culturales. En efecto, éstos son unos foros públicos que permiten la amplia difusión, mediante el diálogo creativo, de convicciones

---

[32]A este propósito, en lugar de decir a los que no vienen más que a la misa de Navidad o de Pascua, "hasta el año que viene", sería mejor que el sacerdote les invitara: "Los extrañamos. Vengan a vernos más a menudo".

[33]Los redentoristas de Edimburgo han publicado en la prensa local un aviso ofreciendo gratuitamente un libro *Once a Catholic? Why not a fresh start?* (*¿Dejaste de ser católico? ¿Por qué no comenzar de nuevo?*). Recibieron más de dos mil solicitudes.

[34]Véase al respecto el vademécum editado por el Consejo Pontificio de la Cultura y el Servicio Nacional para el Proyecto Cultural de la Conferencia Episcopal Italiana, *Centri Culturali Cattolici. Perché? Cos'è? Cosa fare? Dover?* Ed. San Paolo, Cinisello Balsamo 2003. El CELAM está preparando una edición en español que aparecerá próximamente.

cristianas sobre el hombre, la mujer, la familia, el trabajo, la economía, la sociedad, la política, la vida internacional y el ambiente" (*Ecclesia in Africa*, n. 103).

Los Centros Culturales Católicos, que se conciben como una especie de laboratorio cultural, "presentan una rica diversidad, tanto por su denominación (Centros o Círculos Culturales, Academias, Centros Universitarios, Casas de Formación), como por las orientaciones (teológica, ecuménica, científica, educativa, artística, etc . . .), o por los temas tratados (corrientes culturales, valores, dialogo intercultural e interreligioso, ciencia, artes etc . . .), o por las actividades desarrolladas (conferencias, debates, cursos, seminarios, publicaciones, bibliotecas, manifestaciones artísticas o culturales, exposiciones, etc.). El concepto mismo de *"Centro Cultural Católico"* reúne la pluralidad y la riqueza de las diversas situaciones de un país: se trata, bien de instituciones vinculadas a una estructura de la Iglesia . . . bien de iniciativas privadas de católicos, pero siempre en comunión con la Iglesia" (*Para una pastoral de la cultura*, n. 32).

Los Centros culturales católicos son lugares privilegiados para una pastoral de la cultura y ofrecen la posibilidad de debates, con la ayuda de películas o conferencias, sobre problemas culturales de actualidad. La respuesta a estos interrogantes de la cultura, permite superar numerosos obstáculos a la fe, un don de Dios que se recibe a través de la escucha (cf. Romanos 10,17).

2.7. TURISMO RELIGIOSO

Mientras en ciertas partes del mundo siguen dominando condiciones inhumanas de trabajo, en otras no deja de aumentar el tiempo dedicado al ocio. Siguiendo el surco de la tradición de la peregrinación, la promoción del *turismo* religioso adquiere toda su importancia. Entre las diferentes iniciativas que tratan de responder a las legítimas expectativas culturales de los indiferentes y de los que no frecuentan la Iglesia, algunas buscan unir la presentación del patrimonio religioso con el deber cristiano de la acogida, de la propuesta de la fe y de la caridad. Las condiciones para ello son las siguientes:

- Abrir una oficina para coordinar las actividades eclesiales locales con las peticiones de los turistas, ayudándoles a comprender lo específico del patrimonio de la Iglesia, que es ante todo cultual;

- Poner en marcha actividades, acontecimientos, museos diocesanos, itinerarios culturales, donde el arte local conservado para las generaciones futuras puede servir de instrumento para la catequesis y la educación;
- Dar a conocer la piedad popular a través de itinerarios devocionales y permitir así experimentar la riqueza, la diversidad y la universalidad de la vida de fe en los diversos pueblos;
- Crear organizaciones de guías católicos para los monumentos, que puedan ofrecer a la vez indicaciones culturales de calidad y un testimonio de fe, gracias a una formación cristiana y artística seria.
- Utilizar el sitio Internet de las diócesis para dar a conocer estas actividades.

3. LA VÍA DEL AMOR

"Mucho contribuye, finalmente, a esta afirmación de la presencia de Dios el amor fraterno de los fieles, que con espíritu unánime colaboran en la fe del Evangelio y se alzan como signo de unidad" (*Gaudium et spes*, n. 21). El testimonio de la caridad es el argumento más convincente que los cristianos presentan como prueba de la existencia del Dios del amor; es el "camino mejor", del que habla san Pablo (cf. 1 Corintios 13). En el arte cristiano y en la vida de los santos, resplandece una chispa de la belleza y del amor de Dios que se encarna de manera siempre nueva en la vida de los hombres. Al final, la belleza salvará al mundo[35]: la belleza comprendida como una vida moral lograda que, a imitación de Cristo, atrae a los hombres hacia el bien. No deja de ser significativo que los griegos consideraran como ideal de la vida del hombre la *kalokagathía*, la posesión de todas las cualidades físicas y morales, lo bello y lo bueno. El filósofo Jacques Maritain ha convertido lo bello en un trascendental, a la par de lo bueno y lo verdadero: *ens et unum et bonum et verum et pulchrum convertuntur*. Esta síntesis se manifiesta en la vida del cristiano y, sobre todo, en la comunidad cristiana. No se trata de "demostrar" a toda costa, sino de compartir el gozo de la experiencia de la fe en Cristo, Buena Noticia para todos los hombres y sus culturas. Así, nuestros contemporáneos pueden sentirse interpelados en el corazón de su increencia o de su indiferencia. Los grandes santos de nuestro

---

[35]F. Dostoyevski, *El idiota*, p. III, cap. V; citado en Juan Pablo II, *Carta a los artistas*, n. 16.

tiempo, especialmente aquellos que han ofrecido su vida por los más pobres, unidos a la multitud de todos los santos de la Iglesia, constituyen el argumento más elocuente para suscitar en el corazón de los hombres y mujeres la búsqueda de Dios y su respuesta. Cristo es la Belleza, "ego eimi o poimen o kalos"[36] (Juan 10,11), que atrae los corazones hacia el Padre con la gracia del Espíritu Santo.

El testimonio del perdón y del amor fraterno entre los cristianos se extiende a todos los hombres como una oración suplicante. Es una llamada dirigida a todos los cristianos, según la recomendación de San Agustín: "Hermanos, os exhortamos vivamente a que tengáis caridad, no sólo para con vosotros mismos, sino también para con los de fuera, ya se trate de los paganos, que todavía no creen en Cristo, ya de los que están separados de nosotros . . . Deploremos su suerte, sabiendo que se trata de hermanos nuestros . . . Os conjuramos, pues, hermanos, por Cristo nuestro Señor . . . a que usemos con ellos de una gran caridad, de una abundante misericordia, rogando a Dios por ellos, para que les dé finalmente un recto sentir, para que reflexionen y se den cuenta que non tienen en absoluto nada que decir contra la verdad"[37].

4. EN RESUMEN

Una visión sintética de las indicaciones, sugerencias y propuestas de personas procedentes de diferentes culturas en los cinco continentes y de experiencias pastorales muy diferentes, permite destacar los puntos siguientes que merecen una atención particular:

- Importancia de dar testimonio de la belleza de ser amados por Dios.

- Necesidad de renovar la apologética cristiana para dar razón, con dulzura y respeto, de la esperanza que hay en nosotros (1 Pedro 3,15).

- Acercarse al *homo urbanus* mediante una presencia pública en los debates de sociedad y poner el Evangelio en contacto con las fuerzas que modelan la cultura.

---

[36] "Soy el buen pastor". La palabra griega *kalos* ("bueno") tiene el sentido de "bello".

[37] S. Agustín, *Comentario al Salmo 32, 29*. CCL 38,272–273. II Lectura del martes de la XIV semana del T. O.

- Urgencia de enseñar a pensar, en la escuela y la universidad y tener el valor de reaccionar, frente a la aceptación tácita de una cultura dominante, a menudo impregnada de increencia e indiferencia religiosa, mediante una nueva y gozosa propuesta de cultura cristiana.

- A los no creyentes, indiferentes a la cuestión de Dios, pero creyentes en los valores humanos, mostrar que ser verdaderamente hombre es ser religioso, que el hombre halla su plenitud humana en Cristo, verdadero Dios y verdadero hombre, y que el Cristianismo es una buena noticia para todos los hombres y culturas.

CONCLUSIÓN: "EN TU NOMBRE, ECHARÉ LAS REDES" (LUCAS 5,4)

Los Padres del Concilio Vaticano II afirman con convicción: "Se puede pensar con toda razón que el porvenir de la humanidad está en manos de quienes sepan dar a las generaciones venideras razones para vivir y razones para esperar" (*Gaudium et spes,* n. 31). Para los cristianos, ha llegado la hora de la esperanza. Esta virtud teologal es el hilo conductor de la exhortación apostólica del Papa Juan Pablo II *Novo Millennio Ineunte,* al final del Gran Jubileo del Año 2000, horizonte de fe de toda la Iglesia en esta época crucial de la Iglesia. Hoy como ayer, solo Cristo es capaz de ofrecer razones para vivir y esperar. El enigma de la muerte, el misterio del sufrimiento, sobre todo el de los inocentes, siguen siendo un escándalo para muchos, hoy como siempre, en todas las culturas. El deseo de la vida eterna no se ha apagado en el corazón de los hombres. Sólo Jesucristo, que ha vencido la muerte y ha devuelto la vida a los hombres, puede ofrecer una respuesta decisiva al sufrimiento y a la muerte, sólo Él es el verdadero portador del agua de la vida que apaga la sed de los hombres. No hay otro camino que contemplar su rostro, experimentar la comunión de fe, de esperanza y de amor en la Iglesia y dar al mundo testimonio de la caridad y del primado de la gracia, de la oración y de la santidad. Frente a los nuevos desafíos de la increencia y de la indiferencia religiosa, de la secularización de los creyentes y de la nueva religiosidad del Yo, hay razones para seguir esperando, fundados en la Palabra de Dios: "Lámpara es tu Palabra para mis pasos, luz en mi sendero" (Salmo 119,105).

Los fenómenos simultáneos de vacío interior y de vagabundeo espiritual, de desafío institucional y de sensibilidad emocional de las culturas secularizadas de Occidente, exigen una renovación del fervor y autenticidad de vida cristiana, valor e iniciativa apostólica, rectitud de vida y de doctrina, para dar testimonio, en comunidades creyentes renovadas, de la belleza y la verdad, la grandeza y la fuerza incomparables del Evangelio de Cristo. Los gigantescos desafíos de la increencia, de la indiferencia religiosa y de la nueva religiosidad son otras tantas llamadas a evangelizar las nuevas culturas y el nuevo deseo religioso que renace en sus formas paganas y gnósticas al alba del tercer milenio. Es la tarea pastoral más urgente para toda la Iglesia en nuestro tiempo, en el corazón de todas las culturas.

Tras una noche de dura fatiga sin ningún resultado, Jesús invita a Pedro a remar mar adentro y a echar de nuevo la red. Aun cuando esta nueva fatiga parece inútil, Pedro se fía del Señor y responde sin dudar: "Señor, en tu palabra, echaré la red" (Lucas 5,4). La red se llena de peces, hasta el punto de romperse. Hoy, después de dos mil años de trabajo en la barca agitada de la Historia, la Iglesia es invitada por Jesús a "remar mar adentro", lejos de la orilla y las seguridades humanas, y a tirar de nuevo la red. Es hora de responder de nuevo con Pedro: "Señor, en tu palabra, echaré la red".

MEMBERS AND CONSULTORS OF
THE PONTIFICAL COUNCIL FOR CULTURE

THE PONTIFICAL COUNCIL FOR CULTURE

Cardinal Paul Poupard, President

Rev. Bernard Ardura, Secretary

Msgr. Melchor Sánchez de Toca y Alameda, Undersecretary

CARDINALS

Józef Glemp, Archbishop of Warsaw, Poland

Francis Arinze, Prefect of the Congregation for Divine Worship and the Discipline of the Sacraments

Frédéric Etsou-Nazbi-Bamungwabi, Archbishop of Kinshasa, Democratic Republic of Congo

Julius Riyadi Darmaatmadja, Archbishop of Jakarta, Indonesia

Juan Sandoval Íñiguez, Archbishop of Guadalajara, Mexico

Antonio María Rouco Varela, Archbishop of Madrid, Spain

Aloysius Matthew Ambrozic, Archbishop of Toronto, Canada

Dionigi Tettamanzi, Archbishop of Milan, Italy

Polycarp Pengo, Archbishop of Dar-es-Salaam, Tanzania

Christoph Schönborn, Archbishop of Vienna, Austria

Francis Eugene George, Archbishop of Chicago, U.S.A.

Ivan Dias, Archbishop of Bombay, India

Francisco Javier Errázuriz Ossa, Archbishop of Santiago de Chile, Chile

Cláudio Hummes, Archbishop of São Paulo, Brazil

José da Cruz Policarpo, Patriarch of Lisbon, Portugal

Cormac Murphy-O'Connor, Archbishop of Westminster, Great Britain

Lubomyr Husar, Major Archbishop of Lviv of Ukrainian, Ukraine

Rodolfo Quezada Toruño, Archbishop of Guatemala

Walter Kasper, President of the Pontifical Council for Promoting Christian Unity

Francesco Marchisano, Archpriest of the Basilica of Saint Peter

BISHOPS

Franc Rodé, Prefect of the Congregation for Institutes of Consecrated Life and for Societies of Apostolic Life

Michael Louis Fitzgerald, President of the Pontifical Council for Inter-religious Dialogue

Mauro Piacenza, President of the Pontifical Commission for the Cultural Heritage of the Church

Rosendo Huesca Pacheco, Archbishop of Puebla de los Ángeles, Mexico

Raphael S. Ndingi Mwana'a Nzeki, Archbishop of Nairobi, Kenya

Józef Mirosław Życiński, Archbishop of Lublin, Poland

Joseph Doré, Archbishop of Strasbourg, France

Anselme Titianma Sanon, Archbishop of Bobo-Dioula-sso, Burkina Faso

William Benedict Friend, Bishop of Shreveport, U.S.A.

Donal Brendan Murray, Bishop of Limerick, Ireland

Adrianus Herman van Luyn, Bishop of Rotterdam, Netherlands

Fabio Duque Jaramillo, Bishop of Armenia, Colombia

Guy-Paul Noujaim, Bishop of the Maronite Vicariate of Sarba, Lebanon

Joseph Vu Duy Thong, Auxiliary Bishop of Thành-Phô Hô Chí Minh, Vietnam

Mark Benedict Coleridge, Auxiliary Bishop of Melbourne, Australia

CONSULTORS

Most Rev. Theotonius Gomes,
Auxiliary Bishop of Dhaka,
Bangladesh

Mrs. Agnès Adjaho Avognon,
Cotonou, Benin

Msgr. Lluis Clavell, Pontifical
University of the Holy Cross, Rome

Msgr. Carlos Manuel de Céspedes
García-Menocal, Vicar General,
Havana, Cuba

Mrs. Eugenia Díaz De Pfennich,
President of the World Union of
Catholic Womens' Organisations,
Mexico

Msgr. Peter Fleetwood, Deputy
General Secretary of the Council of
European Bishops' Conferences,
Great Britain

Msgr. Bruno Forte, Professor of
Theology, Theological Faculty
of Southern Italy, Naples, Italy

Msgr. Werner Freistetter, Director of
the Military Ordinariate's Institute
for Religion and Peace, Vienna,
Austria

Prof. Alfredo García Quesada,
Pontifical and State Theological
Faculty, Lima, Peru

Msgr. Pierre Gaudette, Secretary
General, Assemblée des Evêques
du Québec, Canada

Mrs. Annie Lam Shun-wai,
President of the East Asia Catholic
Press Association, Hong Kong

Rev. Jean Mbarga, Chancellor,
Archdiocese of Yaoundé, Cameroun

Prof. Pedro Morandé Court,
Pontifical Catholic University
of Chile, Chile

Prof. Gaspare Mura, Higher Institute
for the Study of Unbelief, Religion
and Cultures, Rome

Mrs. Núñez C. Manuelita, Chargé
d'affaires for Culture, Episcopal
Conference of Panama, Panama

Prof. Yoshio Oyanagi, Professor of
Informatics, Tokyo University, Japan

Rev. Fr. George Palackapilly, SDB,
Secretary of the CBCI Education
and Culture Committee, New Delhi,
India

Prof. Radim Palouš, Karlova
University, Prague, Czech Republic

Rev. Fr. John Mansford Prior, SVD,
Executive Secretary, SVD Research
Centre, Flores, NTT, Indonesia

Rev. Fr. Marko Ivan Rupnik, SJ,
Director of the Ezio Aletti Study
and Research Centre, Rome

Prof. Nurukyor Claude Somda,
Ouagadougou, Burkina Faso

Mr. Krzysztof Zanussi, Film
director, Cracow, Poland

Mr. Léon Zeches, Director of
Luxemburger Wort, Luxemburg